Cómo Comunicarnos en Público

con Poder, Entusiasmo y Efectividad

Dr. Camilo Cruz

Cómo Comunicarnos en Público

con Poder, Entusiasmo y Efectividad

TALLER DEL ÉXITO

Cómo Comunicarnos en Público
con Poder, Entusiasmo y Efectividad

Editorial Taller del Éxito
1669 N.W. 144 Terrace, Suite 210
Sunrise, Florida 33323, U.S.A.
Tel: (954) 846-9494
www.tallerdelexito.com

Editorial dedicada a la difusión de libros y audiolibros de desarrollo personal, crecimiento personal, liderazgo y motivación.

Diseño de portada: Diego Cruz

ISBN 10: 1-931059-89-6
ISBN 13: 978-1-93105-989-3

Printed in Colombia
Impreso en Colombia

10   11   12   13   14   R|CC   10   09   08   07   06

ÍNDICE

INTRODUCCIÓN

Sólo aquello que llevamos dentro de nuestro corazón
es lo que podemos transmitir a los demás,
por lo que una buena técnica es muy válida
siempre que se sustente en raíces sólidas.
—Elías Benzadon

¿Qué significa comunicar con poder, entusiasmo y efectividad? El diccionario de la Real Academia de la Lengua define la palabra "comunicar" de la siguiente manera:

Comunicar: (1) Trato, correspondencia entre dos o más personas. (2) Hacer a otro partícipe de lo que uno tiene. (3) Descubrir, manifestar o hacer saber a alguien algo. (4) Conversar, tratar con alguien de palabra o por escrito. (5) Transmitir señales mediante un código común al emisor y al receptor. (6) Consultar con otros un asunto, tomando su parecer.

Como puedes ver, comunicar no es sólo hablar, es saber escuchar y entender con empatía, es aprender a distinguir las emociones y estados de ánimo que acompañan lo que se está diciendo. Comunicar es transmitir nuestras ideas con efectividad, en forma hablada o escrita, o percibir las ideas expresadas por otros, ya sea que las estemos leyendo o escuchando directamente de nuestro interlocutor. Es imposible dejar de comunicarse, ya que hasta el mismo silencio transmite un sentimiento, una emoción o una postura específica.

Comunicación no significa ser un erudito en el dominio del idioma y saber con exactitud todas las normas y reglas que rigen su uso. De hecho, siempre he creído que los mejores comunicadores son los niños de dos años, a pesar de lo limitado de su lenguaje. Quienes somos padres sabemos acerca de su efectividad para comunicar sus sentimientos, conseguir que se entienda lo que desean expresar y, más importante aún, lograr que se dé una respuesta pronta —y favorable— a sus demandas.

Ser efectivo en la comunicación no es simplemente informar con claridad. Los libros informan, los seres humanos comunican. A diferencia de cualquier nota escrita, cada ser humano agrega un componente emocional único que determina qué tan eficazmente es comprendido y aceptado el mensaje.

Muchos de los grandes líderes a través de la historia se han caracterizado por haber sido grandes comunicadores. Es imposible, por ejemplo, hablar sobre cómo comunicar nuestras ideas con poder y entusiasmo sin mencionar el nombre de Winston Churchill, primer ministro de la Gran Bretaña durante una de sus épocas más difíciles de la historia: la segunda guerra mundial.

Quienes le escucharon, cuentan que su oratoria contagiaba de entusiasmo a sus oyentes, ya que transmitía una gran vitalidad y dejaba sentir su magnetismo personal a través de sus palabras. Refiriéndose a la inevitable participación de su país en la segunda guerra mundial, Churchill decía: "La guerra es horrible, pero la esclavitud es peor." Para apreciar el extraordinario poder de sus palabras, basta leer algunos apartes de su discurso en la Cámara de los Comunes, donde debía presentar la posición del gobierno y su estrategia para enfrentar este conflicto.

> "¿Me preguntan cuál es nuestra política? Dar batalla por mar, por tierra y por aire, con todo nuestro poder y con toda la fuerza que Dios pueda darnos; conducir la guerra contra una tiranía monstruosa que no tiene igual en el miserable catálogo de los crímenes de la humanidad. Esta es nuestra política.
>
> ¿Me preguntan cuál es nuestro objetivo? Respondo con una sola palabra: ¡Victoria! Victoria a toda costa, victoria pese a todo los errores, victoria aunque el camino sea largo y arduo. Sin victoria no sobreviviremos..."

Cada uno de sus mensajes llevaba una carga emocional que no dejaba duda sobre su posición o nivel de compromiso con sus ideales. En la primera reunión con su junta de ministros pronunció una frase que después sería famosa: "Les prometo sólo sangre, fatiga y sudor".

Es posible que la elocuencia de los mensajes que dirigió al mundo entero durante su larga carrera política, haga pensar a algunas personas que este carisma y don de la palabra son aptitudes innatas imposibles de desarrollar. No obstante, uno de sus discursos más elocuentes duró menos de quince segundos.

En aquella ocasión, había sido invitado a dirigirse a los alumnos de Harrow, la escuela de su infancia. Luego de ser presentado ante cientos de oyentes que ansiosamente esperaban uno más de sus inspiradores mensajes, el Primer Ministro se levantó, tomó con una mano la solapa de su abrigo, colocó la otra mano en su espalda y pronunció uno de los discursos más breves y significativos que hayan sido pronunciados por estadista alguno.

Mirando a aquellos que serían los futuros líderes de Inglaterra, Winston Churchill dijo:

"Nunca, nunca se den por vencidos. Nunca se den por vencidos en nada que sea grande o pequeño, sublime o trivial. Nunca se den por vencidos. Nunca, nunca, nunca".

Tras lo cual el gran estadista miró solemnemente a sus atónitos jóvenes oyentes y volvió a sentarse sin decir más. Este gran discurso muestra como en las sencillez de las palabras se pueden esconder profundos mensajes que no requieren de ningún tipo de adornos literarios para transmitir plenamente su fuerza.

En mi carrera como escritor y conferencista he tenido que aprender cómo comunicar mis ideas con entusiasmo y efectividad, ya sea que me esté dirigiendo a un grupo de personas en un auditorio, a través de uno de mis libros o audiolibros, o que esté transmitiendo una idea a través de la televisión, la radio o cualquier otro medio.

Es posible que la gran mayoría de quienes lean este libro no lo hayan adquirido con el propósito de prepararse para una carrera en la política, en los medios, o como conferencistas. Sin embargo, es indudable que aprender a comunicar nuestras ideas eficazmente juega un papel de enorme importancia en la vida de todo ser humano.

La comunicación tiene una función trascendental en nuestra relación de pareja, determina el tipo de relación que tengamos con nuestros hijos y, en general, influye en nuestra capacidad para relacionarnos con los demás.

A nivel empresarial, la capacidad para comunicarnos asertivamente es parte fundamental para el buen funcionamiento de cualquier organización y juega un papel preponderante en todas y cada una de las actividades diarias de la compañía: las ventas, la atención y el servicio al cliente, la delegación de responsabilidades, el proceso de negociación o el desarrollo de reuniones y planes de trabajo. Esto sin contar que el éxito y la supervivencia de la empresa dependen de que la misión, los valores corporativos, las metas y objetivos de la misma hayan sido eficazmente comunicados a cada uno de los miembros de la organización.

Es indudable que la interacción humana tiene éxito o fracasa, como resultado directo de la habilidad para comunicar nuestras ideas y sentimientos. Una pobre comunicación limita la efectividad de cualquier tipo de actividad; produce caos, confusión, agotamiento y desmotivación.

Comunicarnos en público con efectividad no es simplemente tener la capacidad de pararnos frente a un grupo de personas, sin importar cuántas sean, y deslumbrarlas con el uso impecable de una retórica digna del mejor orador.

Lo que todos buscamos al querer convertirnos en comunicadores efectivos es poder transmitir nuestras ideas y sentimientos clara y asertivamente, de manera que nuestros oyentes puedan apreciar la convicción personal sobre dichas ideas. Queremos entender y ser entendidos, y esto sólo lo logramos haciendo uso de nuestras fortalezas y evitando que nuestras debilidades se conviertan en un obstáculo para transmitir nuestro mensaje. Es así de simple.

La gran mayoría de las obras que he tenido la oportunidad de leer sobre el tema de la comunicación efectiva suele concentrarse en las estrategias para hablar en público, en el uso correcto de las palabras o en diferentes técnicas para modular o proyectar nuestra voz. Todas estas opciones, supuestamente, serán las que nos convertirán en grandes comunicadores. Sin embargo, comunicarnos con fuerza, entusiasmo y efectividad es mucho más que hablar en público.

Cuando pienso en aquellos que han moldeado la historia de la humanidad, ya sea influyendo en la manera de pensar de otras personas, logrando el apoyo de otros en la creación de grandes empresas, o persiguiendo sueños e ideales que afectaron el destino de millones de personas, encuentro una aptitud especial, común a estos grandes comunicadores.

Su talento es una combinación de poder de convencimiento, entusiasmo y pasión en su estilo comunicativo, que dejan percibir fuerza en la persona, claridad, confianza, transparencia, dinamismo, fe y carisma; cualidades a las que muchos se refieren con una palabra: convicción.

Aunque el carisma no necesariamente es una constante entre todos estos líderes, lo que sí es evidente es que ha sido la profunda convicción por sus ideales y principios lo que ha hecho de ellos grandes comunicadores. Benito Juárez, por ejemplo, era un hombre reservado a quien algunos de sus biógrafos han tildado como un líder político sin mucho carisma; una persona impasible, de una enorme frialdad cuando se refería a acontecimientos políticos. Sin embargo, la convicción por sus principios logró dar a México la entereza cívica y la pasión política necesarias para salir adelante en uno de los momentos más difíciles de su historia. Como resultado de ello, su lucha por la defensa de las libertades humanas sirvió de ejemplo a otros países latinoamericanos.

Esta misma convicción es la que encontramos en personas como Winston Churchill con sus legendarios discursos que mantuvieron en alto la moral de toda una nación en medio de la guerra; o cuando pensamos en la Madre Teresa de Calcuta, quien con su mensaje de amor y entrega conmovió los corazones de millones de personas que se unieron a su causa; o el coraje que inspiró en su ejército el libertador Simón Bolívar, o la manera como Mahatma Gandhi o Martín Luther King movieron a cientos de millones de personas con sus ideas.

Pero saber comunicar nuestras ideas en público con convicción y efectividad también es de gran interés para los dirigentes empresariales que buscan liderar equipos de trabajo productivos, o para los profesionales en el campo de las ventas, en un mercado donde una de las pocas ventajas competitivas es la atención y el servicio al cliente. Y puede ser la diferencia entre conseguir o no un trabajo, entre ascender en la organización o quedarse relegado.

Para los millones de empresarios independientes que hoy construyen negocios y organizaciones a lo largo y ancho del planeta, comunicar las características, ventajas y beneficios de sus empresas, productos y servicios con entusiasmo, seguridad y efectividad, es el camino hacia un mayor número de clientes y asociados, un mayor volumen de ventas y un negocio exitoso.

A nivel personal, comunicarnos de manera efectiva significa tener una relación de pareja plena y gratificante, y evitar ser una estadística más de los muchos divorcios que ocurren, en parte, como resultado de la pobre comunicación. Es igualmente importante para los padres de familia que buscan influir positivamente en las vidas de sus hijos. Nos ayuda a inculcar en ellos los valores y principios que sabemos que guiarán sus vidas hacia el logro del éxito, de manera que no sea la televisión, sus compañeros de escuela, o alguno de los muchos autoproclamados ídolos públicos, los que siembren los valores básicos que orientarán sus vidas.

Estoy totalmente convencido de que las ideas y estrategias que encontrarás a lo largo de este libro serán de gran ayuda para descubrir y desarrollar todas las cualidades del gran comunicador, las cuales, a propósito, ya se encuentran dentro de ti.

Capítulo 1

Anatomía del gran comunicador

Si no sabes comunicarte bien con los demás,
no sabrás convencer ni motivar.
Si no sabes comunicar estarás mal informado
y no podrás dirigir ni controlar con eficacia.
—Robert Papin

¿Quién puede ser un gran comunicador? ¿Hay manera de descubrir quién posee la aptitud de llegar a convertirse en un gran orador? ¿Es el don de la palabra algo genético que sólo unos pocos afortunados han tenido la suerte de heredar?

Sin temor a equivocarme les puedo asegurar que los grandes comunicadores no nacen, se hacen. Todos podemos comunicarnos en público con entusiasmo y poder. ¡Sí, todos!

A pesar de que hablar en público es parte significativa de mi profesión, la relativa facilidad que tengo hoy para hacerlo fue algo que tuve que aprender y desarrollar a través del tiempo. Durante la primera conferencia que dicté en 1990, ante un grupo de sólo veinticinco personas, no conseguí salir de atrás del podio, por miedo a que vieran la manera como me temblaban las piernas.

Mi nerviosismo era aún peor, ya que debía dirigir dicha presentación en inglés, que no es mi idioma materno. Como si esto no hubiese sido suficiente, un par de días antes, durante una conversación casual con uno de mis compañeros de trabajo en la universidad, me había preguntado si no tenía temor alguno de que la audiencia no entendiera todo lo que yo iba a decir debido a mi acento.

Hablé cuatro horas sin poder tomar un sorbo de agua, porque cuando quise hacerlo, el temblor de las manos fue tal que derramé el agua sobre mis notas.

Después de aquella presentación, cuando subí a mi cuarto en el hotel, me cuestioné seriamente si iba a ser capaz de salir adelante, en vista del pánico que me producía hablar en público. Sin embargo, días más tarde recibí la respuesta. El presidente de la empresa para la cual había realizado la presentación, me envió una carta de agradecimiento felicitándome por el éxito de la misma, hablándome del impacto que mis ideas habían tenido sobre su equipo de trabajo e invitándome de nuevo a dar otra conferencia ante todo el personal de su empresa.

¿Y saben qué? Por ningún lado decía nada acerca del temblor de mis piernas, mi acento, o el incidente con el agua. Ese día descubrí que la parte más importante de lo que yo quería comunicar en mis presentaciones no eran las palabras que se encontraban escritas en las notas que utilizaba, sino mi actitud personal, mi convicción por aquello que estaba compartiendo y sobre todo, mi entusiasmo y nivel de motivación al momento de compartir dichas ideas.

Aquel día decidí aprender lo que fuera necesario para convertirme en el mejor comunicador posible. Con el tiempo entendí que no se trata de saber todas las palabras del idioma, de tener un estilo de oratoria impecable, o de poseer una voz profunda y sonora. Ni siquiera se trata de poder mantener una postura inalterable y estar en total control el 100% del tiempo.

Comunicar de manera efectiva tiene que ver con transmitir entusiasmo y pasión. Lo verdaderamente importante es crear una atmósfera de confianza donde sea fácil que el mensaje llegue al cerebro de nuestro interlocutor. Por tanto, a lo largo de este libro examinaremos aquellas áreas que nos ayudarán a crear un entorno que nos permita transmitir, persuadir e influir en los demás.

Todos podemos llegar allí. Si yo pude lograrlo, estoy seguro que cualquiera puede hacerlo. Pero para ello debemos estar dispuestos a aprender ciertas estrategias y técnicas que nos permitirán ser mejores comunicadores. De nada sirve querer serlo si este deseo no está acompañado por el interés de prepararnos, cambiar y actuar.

Cómo vencer la timidez y comunicar tu verdadero "yo"

Norman Vincent Peale, uno de los escritores y conferencistas motivacionales más respetados y exitosos de todos los tiempos, decía que en una época de su vida sufrió de la peor timidez imaginable y finalmente aprendió, no cómo eliminarla, sino cómo lidiar con ella.

Él contaba cómo una tarde después de clase, su profesor le dijo: "Norman, tú eres un excelente estudiante, pero cuando te hago una pregunta, tu cara se pone extremadamente roja, te invade una pena y un temor exagerados, y tus respuestas generalmente son muy pobres, ¿qué te pasa?"

Después de aquel incidente, Peale comenzó a leer los ensayos de Emerson y las Meditaciones de Marco Aurelio, y en estos y otros grandes libros descubrió que con los poderes que residen en la mente humana todos los problemas pueden ser solucionados. Así empezó a controlar sus temores y a desarrollar su propia filosofía, la cual, más adelante, transcribió en su gran libro "El poder del pensamiento positivo".

Al igual que él, un gran número de personas sufren de diferentes complejos, una pobre autoestima o una profunda timidez que les impide comunicarse con efectividad. La timidez, en particular, es uno de los obstáculos que con mayor frecuencia limita nuestra capacidad para comunicar las ideas, escuchar con atención e interactuar con las demás personas. De acuerdo con algunos estudios, más del 80% de las personas aseguran haber sufrido de este talón de Aquiles social en algún momento de su vida.

La timidez suele definirse como "la incomodidad en compañía" o como "evitar la compañía de otras personas". Muchos cargan con ella a lo largo de toda su vida. La razón principal por la cual suele pasar desapercibida es porque, con frecuencia, la persona tímida puede disfrazar su timidez pasando por "reservada", "modesta" o "independiente". Por otra parte, no todo el mundo está dispuesto a reconocerla. ¿A quién le agrada decir que le da miedo la gente? Indudablemente, hay algunas personas que evitan la vida social y la interacción con otros, y prefieren la soledad. Pero la gran mayoría de la gente que evita la compañía de otros no lo hace deliberadamente; de hecho, les encantaría reunirse con los demás, hacer amigos y comunicarse abiertamente, pero algo los detiene.

A menudo, las personas tímidas se sienten cohibidas por su temor ante un posible fracaso, por la ansiedad que les produce saber que deben actuar bien y dar una buena impresión, o por su susceptibilidad ante las posibles críticas de los demás. Son incapaces de afrontar la perspectiva del fracaso y deciden no ponerse siquiera a prueba. Sienten que en cualquier tipo de situación social, todos los presentes las observan y evalúan, y sospechan que las personas que ríen en un rincón lo estén haciendo a su costa. Temen que los demás descubran algún error suyo, y que, al compararlos con otros, los consideren inferiores.

Es precisamente esta auto imagen negativa la que causa su temor al fracaso. Naturalmente, esta percepción es casi siempre una tontería porque lo cierto es que si fuera posible evaluar todos los aspectos, habilidades y logros de todas las personas presentes en dicha reunión, no cabe la menor duda de que los tímidos serían considerados tan interesantes como los demás.

No obstante, todos esos temores y ansiedades hacen que al querer comunicarse parezcan rígidos y se sientan incómodos, tanto en su lenguaje oral como en el lenguaje de su cuerpo. Hablan con monotonía y rapidez, hacen frecuentes pausas y cometen errores. Raras veces sonríen, apenas si buscan el contacto visual y casi siempre adoptan posturas cerradas.

¿Qué puedes hacer si sufres de timidez? Quiero sugerirte tres estrategias que pueden ayudarte para que ésta no se interponga entre tú y la realización de tus sueños.

Primero, crea una nueva imagen positiva de ti mismo como comunicador. Visualízate mentalmente actuando de manera entusiasta y positiva en tu interacción con otras personas. Comienza a rodar con frecuencia estas imágenes mentales de manera que tu cerebro tenga otro punto de referencia.

Visualiza cada una de las situaciones sociales que siempre te han causado ansiedad e imagínate afrontándolas y superándolas con éxito. Recuerda que tú eres el resultado de aquello en lo cual piensas la mayoría del tiempo. Tu timidez, por ejemplo, es el resultado de enfocarte en tus debilidades y no en tus fortalezas. Lo que debes hacer ahora es crear una imagen que saque a relucir tus fortalezas y enfocarte en ellas siempre.

Segundo, escribe algunas afirmaciones que te muestren comunicándote de una manera más efectiva, léelas, grábalas si puedes y escúchalas continuamente. Afirmaciones como "tengo experiencias muy interesantes que puedo compartir con otras personas", "poseo la capacidad para expresarme bien ante los demás", o "tengo seguridad y convicción en mis ideas y en mi capacidad para expresarlas con entusiasmo". Repítelas con frecuencia y verás cómo esta auto imagen positiva pronto comenzará a sustituir la vieja imagen que tenías de ti mismo.

Si crees que todas estas expresiones no son realistas, o que lo único que estás haciendo es engañándote a ti mismo, quizá las investigaciones dirigidas por Steven la Berge, doctor en psicología de la Universidad de Stanford, te hagan cambiar de parecer.

La Berge demostró que el cerebro era incapaz de distinguir entre una experiencia real y una vivamente imaginada. Si piensas en cualquier cosa y logras asociar este pensamiento con imágenes sensorialmente ricas en color, sabor, olor y otras sensaciones, tu mente y tu cerebro no lograrán discernir si aquello en lo que estás pensando es real o simplemente lo estás imaginando. De esta misma manera, una afirmación expresada con convicción y entusiasmo tiene la capacidad de programar la mente y crear una nueva realidad de vida. Para tu mente es como si fuese real, así sólo lo estés imaginando.

Tercero, pon a prueba esta nueva imagen positiva que has desarrollado en cualquier reunión social a la que tengas la oportunidad de asistir. Hazlo inclusive si te sientes nervioso. Recuerda que no tienes que hacerlo perfectamente bien desde la primera vez. Todo lo que tienes que hacer es dar el primer paso.

Todo lo que necesitas son diez minutos

Es posible que muchas de las personas que están leyendo este libro piensen: " Todo eso está muy bien, y para la mayoría de las personas este libro seguramente será de gran ayuda, pero es que el mío es un caso especial. Mi nerviosismo es tal al momento de hablar en público, que no puedo dirigirme a un grupo de tres personas sin comenzar a sudar profusamente..."

Si te sientes de esa manera, quiero asegurarte que tú también puedes llegar a ser un gran comunicador. No importa si crees que eres la persona más tímida del mundo, o si estás segura de no contar con la más mínima habilidad para hablar en público; no me cabe la menor duda que dentro de ti se encuentra la semilla de grandeza necesaria para convertirte en un comunicador extraordinario. ¿Por qué estoy tan seguro de ello?

Hace un par de años, durante una presentación que realicé en Venezuela, tuve la oportunidad de conocer a Francisco, una de las personas que iba a asistir a dicha conferencia, donde participarían más de cinco mil personas. Recuerdo que tuvimos la oportunidad de departir antes del evento sobre algunas de las debilidades que en ocasiones nos limitan. Él, con obvia dificultad, me confesó que su mayor debilidad era su extrema timidez, la cual no le permitía hablar en público ante un grupo, por pequeño que fuera.

Le pedí que me ayudara un poco más tarde, y aunque no le dije de qué se trataba, él accedió con gran amabilidad. Así que sin entrar en más detalles, le solicité que se sentara en la primera fila durante el evento.

Unos minutos después de haber comenzado mi presentación anuncié que iba a necesitar un voluntario de la audiencia. Algunas personas levantaron rápidamente la mano, pero inmediatamente llamé a Francisco, quien sin duda alguna, pensó que estaba viviendo su peor pesadilla. ¿Cómo podía llamarlo frente a toda esta gente después de lo que me había confesado sólo unos minutos antes? Mi objetivo era demostrar el poder de la persuasión con un simple ejercicio, para lo cual le pedí a él que hiciera una presentación sobre su negocio frente a toda la audiencia.

Empezamos despacio. Su primer intento fue terrible. A duras penas pude escucharlo yo que me encontraba sólo a unos pasos de distancia, así que estaba seguro de que la audiencia ni siquiera se había percatado que Francisco ya había empezado a hablar. El segundo intento no fue mucho mejor que el primero, aunque fue lo suficientemente audible como para que generara un murmullo general y algunas risas que se hicieron sentir en todo el auditorio.

Como estaba seguro que esto no había hecho mucho por fortalecer su confianza, decidí darle algunas ideas que le permitieran inyectar un poco más de entusiasmo a su presentación. Vino otro intento, un par de sugerencias más, y una cuarta oportunidad.

Lo que sucedió después fue poco menos que milagroso. Diez minutos más tarde, Francisco, quien por más de cincuenta años había sido víctima de una timidez excesiva, estaba riéndose, haciendo bromas con la audiencia, y realizando una presentación sobre su empresa que generó una multitud de aplausos. Incrédulos, muchos de los espectadores no podían explicarse cómo era posible que tal transformación hubiese ocurrido en el transcurso de sólo unos minutos.

Después del evento, tuve la oportunidad de conversar nuevamente con Francisco. Obviamente emocionado, lo único que me dijo fue: "No tenía ni idea que esa capacidad se encontraba dentro de mí".

No sólo todos podemos convertirnos en grandes comunicadores, sino que el proceso puede ser mucho más sencillo de lo que tú piensas y los resultados tendrán un impacto significativo en todas las áreas de tu vida.

Plan de Acción:

1. Descubriendo tu arsenal de habilidades y aptitudes

   Una de las maneras más efectivas y rápidas de convertirnos en grandes comunicadores es aprovechando al máximo las destrezas y habilidades con las que ya contamos. Por esta razón quiero invitarte a que realices un inventario de tus fortalezas. En mi experiencia, este ejercicio nos proporciona una mayor seguridad en nuestras decisiones, confianza en nuestras capacidades y arrojo en nuestras acciones.

   a. Describe la que consideras que es tu mayor ventaja competitiva a nivel profesional. ¿Qué te separa del resto de personas que pudieran aspirar a tener tu trabajo? ¿Qué te hace especial y único?

   b. ¿Cuáles consideras que son las tres mayores fortalezas con que cuentas en el campo de la comunicación?

2. Identificando las debilidades que necesitas remediar

   a. ¿Cuáles son los tres obstáculos o debilidades que hasta ahora no te han permitido lograr los resultados que deseas alcanzar en el campo de la comunicación? Descríbelos y sé específico.

   b. Para cada uno de estos obstáculos o debilidades describe la manera en que vas a comenzar a responder hoy mismo. ¿Qué decisiones estás dispuesto a tomar hoy? ¿Qué hábitos estás resuelto a adquirir, si el hacerlo te ayudara a eliminar dichas debilidades?

Capítulo 2
Cinco razones fundamentales para aprender a comunicarnos en público

La comunicación que no incita a la acción,
más que soportarla,
resulta un tormento escucharla.
—Thomas Carlyle

$\mathcal{S}$i las razones que expuse sobre la importancia de aprender a comunicarnos en público no han sido suficientes, quiero compartir algunos argumentos que espero dejen totalmente claro el papel trascendental que ésta juega en el logro de nuestro éxito personal y profesional.

1. Empecemos con algunos datos estadísticos. Te sorprenderá saber que más de una docena de investigaciones realizadas por varias universidades e instituciones, en los pasados cincuenta años, han encontrado que la persona promedio emplea aproximadamente un 45% del día escuchando, otro 30% hablando, un 16% leyendo y el otro 9% de su tiempo escribiendo.

Curiosamente, durante nuestros años de formación escolar enfocamos la mayor cantidad de nuestro tiempo en aprender a leer y escribir. No obstante, hablar y escuchar, dos actividades a las cuales dedicamos un 75% de nuestro día, pasan relativamente inadvertidas, sin que dediquemos mayor tiempo al estudio, aprendizaje y dominio de las mismas.

2. En el campo de los negocios, el 80% de las ventas generalmente son realizadas por el mismo 20% de los

vendedores. Más sorprendente aún es que la persona promedio en ese 20% más productivo gana aproximadamente dieciséis veces más que la persona promedio en el 80% restante.

Lo interesante es que una y otra vez, diferentes estudios han demostrado que los vendedores más productivos son simplemente un poco mejores que los demás en las siguientes áreas críticas. El dominio de éstas es esencial para el éxito en las ventas; la debilidad en cualquiera de ellas puede ser desastroso:

a. Actitud personal.
b. Desarrollo y control personal.
c. Conocimiento del producto.
d. Identificación de nuevos clientes.
e. Desarrollo de una presentación eficaz.
f. Identificación de las necesidades de estos clientes.
g. Respuesta a objeciones.
h. Ayuda al cliente a tomar decisiones.
i. Seguimiento certero y oportuno del cliente.

3. Otra estadística muy interesante fue presentada por prestigiosas instituciones como la Universidad de Harvard y la Fundación Carnegie, que habiendo realizado investigaciones totalmente independientes, encontraron que sólo un 15% de las razones por las cuales una persona triunfa profesionalmente, escala posiciones dentro de su empresa y sale adelante en su campo, tiene que ver con sus habilidades profesionales y conocimientos técnicos. El 85% restante de las razones por las cuales estas personas logran salir adelante

y triunfan personal y profesionalmente tiene que ver con su actitud personal, su nivel de motivación y su capacidad para desarrollar relaciones positivas con las demás personas.

Si examinamos estos tres aspectos más de cerca nos damos cuenta que en realidad todos ellos son diferentes facetas de la comunicación. La palabra actitud, por ejemplo, es definida como "una postura del cuerpo humano" lo cual, como veremos más adelante, equivale al lenguaje corporal o visual, que no sólo es importante, sino que también es el que más influye en el impacto que pueda tener nuestro mensaje en la persona que lo escucha.

El nivel de motivación, no es mas que una expresión externa de un estado mental interno, lo cual es, obviamente, una forma de comunicación. Finalmente, es innegable que nuestro éxito y nuestra felicidad están íntimamente ligados a nuestra capacidad para desarrollar relaciones positivas con los demás.

4. Todas las actividades de la empresa se ven influenciadas por la habilidad de las personas para comunicarse efectivamente. Tanto así, que de todas las cualidades que buscan las empresas modernas, al momento de contratar a sus altos ejecutivos, su capacidad para comunicarse eficazmente se encuentra a la cabeza de esta lista. Es más, cuando hace algunos años, el doctor Harold Smith, de la Universidad de Brigham Young buscaba la manera de asignarle cierta prioridad a las diferentes habilidades necesarias para la administración

eficaz en las empresas, decidió realizar una encuesta entre todos los miembros de la Academia de Gerentes Administrativos Certificados de los Estados Unidos.

En la encuesta se les pidió a todos estos dirigentes empresariales que identificaran las habilidades que a su modo de ver eran las más importantes en su trabajo. Quiero que prestes atención a las diez aptitudes y habilidades que ellos identificaron como las responsabilidades más importantes del dirigente empresarial moderno:

- Saber escuchar.
- Dar instrucciones claras y efectivas.
- Identificar y solucionar problemas o situaciones conflictivas en la empresa.
- Dar reconocimiento a sus colaboradores por los resultados obtenidos.
- Delegar responsabilidades de una manera eficaz.
- Saber escribir efectivamente.
- Comunicar las diferentes decisiones y objetivos a su equipo de trabajo.
- Ser efectivo en la comunicación oral.
- Explicar sus funciones a los nuevos miembros de su equipo.
- Obtener la retroalimentación de sus clientes internos y externos.

Lo interesante es que, como puedes ver, las diez aptitudes que según estos gerentes son fundamentales para obtener grandes resultados, esencialmente son diferentes formas de comunicación.

5. Si le preguntas a cualquier gerente o administrador cuál consideraría como uno de los principales problemas que se presenta en cualquier organización, seguramente responderá: La mala comunicación.

Los gerentes de nivel alto tienden a utilizar el 80% de su tiempo comunicándose, en una forma u otra, con sus empleados, compradores, proveedores y clientes. De modo que resulta obvia la importancia de cultivar las capacidades de comunicación interpersonal. Si tú no eres un buen comunicador, no tienes la posibilidad de convertirte en un buen empresario ya que las empresas no son más que personas.

Cuando hablamos de los diferentes procesos de la empresa, en realidad nos estamos refiriendo a las personas. Tu empresa no tiene una división de ventas, un departamento de manufactura, o una unidad de diseño. Ella tiene personas que venden, manufacturan o diseñan.

El éxito de tu empresa u organización dependerá de que estas personas, cuyas actividades son interdependientes, logren trabajar de manera coordinada, lo cual requiere que tú, como líder de tu equipo, sepas escuchar y seas capaz de comunicar tus ideas de manera efectiva. De acuerdo con algunos investigadores, la mitad del salario o los ingresos devengados por un empresario están directamente ligados a su capacidad de escuchar.

Plan de acción:

1. Toma papel y lápiz y haz una lista de todas aquellas áreas y aspectos de tu vida que se beneficiarán como resultado de convertirte en un gran comunicador. Sé específico.

2. Ya sea que seamos conscientes de ello o no, todos somos vendedores. Así que realiza una auto evaluación en cada una de las áreas mencionadas en el segundo punto de este capítulo. Asigna un puntaje máximo de diez puntos en cada área. Un puntaje de uno en cualquier área denota deficiencia en dicha área, mientas que un puntaje de diez indica total dominio de la misma. El máximo puntaje es noventa. Si tu puntaje es menos de setenta, estás en peligro. Si recibes menos de un siete en cualquiera de las áreas, seguramente eso te está costando dinero a diario. Determina que acciones específicas vas a tomar para remediar dicha situación.

CAPÍTULO 3
Cómo se generan los temores y ansiedades al hablar en público

No ha aprendido las lecciones de la vida
quien diariamente no ha vencido algún temor.
—Ralph Waldo Emerson

*L*a ansiedad generada por la sola idea de hablar en público es tan común, que algunos estudios estiman que hasta un 85% de las personas experimentan dicha ansiedad en mayor o menor grado.

¿Cómo se generan estos temores y ansiedades? Muchos de los problemas que las personas experimentan en su comunicación externa son el resultado de su comunicación interna.

En mi libro, Los genios no nacen, se hacen, menciono que la persona promedio habla consigo misma alrededor de catorce horas diarias. Lo más sorprendente es que varias investigaciones han mostrado que más de un 80% de este diálogo interno es negativo, pesimista, contraproducente y seguramente nos está limitando para utilizar nuestro verdadero potencial.

Leíste bien, la gran mayoría de nosotros nos encargamos de sabotear el propio éxito con nuestro diálogo interno. Y en ningún caso es esto más evidente que en lo que se refiere a nuestra capacidad para comunicarnos en público.

Lo puedes apreciar en la actitud de aquellos empresarios que asisten a una presentación de negocios con la absoluta certeza de que su propuesta no será aceptada. De igual manera, muchos vendedores visitan a sus clientes para presentarles un nuevo producto, pero inconscientemente están seguros que serán rechazados. Esta misma actitud es evidente inclusive en los padres que desde antes de empezar a hablarle a sus hijos sobre algún problema que puedan estar enfrentando saben que seguramente ellos no tomarán en cuenta sus recomendaciones.

Tan absurdo como pueda parecer, muchas personas emplean gran parte de su día programando su mente para el fracaso. Ellas emplean más de la mitad de su día pensando en cientos de problemas que aún no han sucedido pero pueden llegar a suceder, repasando mentalmente sus debilidades, recordando errores y caídas del pasado o ensayando una y otra vez los fracasos que desesperadamente buscan evitar. Es insólito que tantas personas sean víctimas de este comportamiento irracional. La buena noticia es que tú puedes utilizar ese tiempo para planear tus éxitos y construir una imagen mental de las metas y objetivos que deseas alcanzar. Es tu decisión.

Practicando mentalmente nuestros fracasos

Hablar en público es uno de los temores más comunes de la persona promedio. Tan es así, que para muchos, en su lista de miedos, se encuentra por encima del temor a la muerte. ¿Te puedes imaginar esto? Algunas personas aseguran que la idea de hablar en público les provoca más temor y ansiedad que la idea de morir.

Tan absurdo como pueda parecer, para ellas el tener que hablar cinco o diez minutos frente a un grupo de personas las aterroriza tanto, que si tratas de obligarlas a hacerlo observas un cambio instantáneo en su estado mental y físico. Comienzan a sudar, se les aceleran los latidos del corazón, sus músculos se tensan y tienen dificultad para respirar. Muchas de ellas experimentan molestias gastrointestinales, les flaquea la voz y se les debilitan las piernas, al punto que muchos de ellos hasta llegan a desmayarse.

¿Cómo puede llegar una persona a este punto? Todo comienza con su diálogo interno. Por ejemplo, cuando la persona promedio escucha que debe hablar en público, especialmente si es de manera inesperada, su mente comienza a crear imágenes donde se visualiza haciendo el ridículo frente a los demás. Sin quererlo, visualiza todo lo que puede salir mal, que es precisamente lo que quiere evitar. Pero entre más piensa en ello, más real se hace esta imagen.

De repente, comienza a escuchar voces internas que le dicen: "¿Qué vas a hacer? ¿Se te olvidó lo pésima que eres hablando en público? ¿Qué van a pensar los demás? ¡Vas a hacer el ridículo! ¿Has olvidado aquella ocasión en que tu mente se quedó en blanco y por poco te desmayas?" Todas estas imágenes, producto de su diálogo interno, no sólo no le permiten hacer un buen trabajo, sino que reafirman aún más profundamente la idea de que ella, simplemente, no sirve para hablar en público.

¿Ves los efectos tan devastadores que pueden tener estas imágenes que nosotros mismos nos hemos encargado de crear con nuestro diálogo interno? Podemos crear uno de los más autodestructivos círculos viciosos, ya que entre más incapaces nos vemos, más incapaces nos verán los demás, lo cual sólo confirma lo que ya sabíamos de antemano: lo incapaces que éramos.

¿Te das cuenta de la manera tan sencilla en que nuestra mente puede convertirse en nuestro peor enemigo? En la mayoría de los casos sucede sin que nosotros ni siquiera nos demos cuenta. Observa, por ejemplo, lo que ocurre cuando queremos que algo salga excepcionalmente bien y comenzamos a pensar en lo que tenemos que hacer para que así sea. Generalmente, empezamos pensando en todo lo que no debemos hacer. Lo curioso es que entre más pensamos en qué no hacer, más fuerza gana esta imagen en nuestra mente. Es como si entre más dijéramos "no puedo equivocarme en tal cosa", más nos visualizáramos equivocándonos. De repente, nos invade el pánico ante la inminente posibilidad de equivocarnos, que ahora aparece más real que nunca.

Es común ver este comportamiento entre las personas que deben hablar en público. En cierta ocasión, en una conferencia sobre la comunicación efectiva que realizaba en México, le dije a la audiencia que en unos minutos escogería a una persona para que saliera adelante a hablarnos sobre lo que ella hacía. Después de unos minutos comencé a caminar hacia ellos, pretendiendo buscar el afortunado voluntario que tendría que salir a hablar ante las seiscientas personas que se encontraban presentes. Luego anuncié que no llamaría a nadie y que mi verdadero propósito era que analizáramos sus reacciones iniciales.

Algunas personas confesaron estar felices de poder participar y hasta levantaron la mano para que las escogiera. Sin embargo, muchas confesaron que habían comenzado a rezar para que no los escogiera y algunos experimentaron tal estado de pánico que llegaron a pensar en salirse del salón, inventarse una salida repentina al baño, o esconderse bajo su mesa.

A estas personas les pregunté: "¿Qué pasó por tu mente cuando hice aquel anuncio?" Algunos de ellos me confesaron que inmediatamente después de haber escuchado aquello, ya habían construido imágenes en su mente en las que veían sus piernas temblando, sus manos sudorosas y sus rostros pálidos. Se veían hablando incoherentemente ante seiscientos extraños, olvidando hasta su nombre sin encontrar cómo articular la más sencilla de las ideas. Algunos describían cómo entre más se repetían a sí mismos, "no me van a temblar las piernas, no me van a temblar las piernas", más veían sus piernas temblando.

Así que vale la pena detenernos a pensar qué clase de imágenes están dibujando en nuestras mentes y las mentes de los demás, las palabras que utilizamos como parte de nuestro diálogo interno y externo. Muchas personas generan imágenes internas de fracaso y escuchan voces interiores que les recuerdan constantemente sus debilidades; dos procesos mentales que los conducen al fracaso por adelantado ya que los hacen visualizar exactamente aquello que desean evitar.

Visualizándonos como grandes comunicadores

Es importante entender que experimentar cierto grado de ansiedad es normal a la hora de hablar en público, e incluso puede ayudar a la persona a estar preparada. El problema es cuando la ansiedad que se experimenta es tan intensa que bloquea la capacidad para actuar. Una manera de mantenerla bajo control es creando imágenes mentales positivas sobre la experiencia de hablar en público.

Las personas de éxito son conscientes de la importancia de crear imágenes claras de lo que desean alcanzar y permitir que toda acción que emprendan esté guiada por esta visión. Cuando creas una imagen, una fotografía mental de lo que deseas alcanzar, tu mente subconsciente buscará que tu realidad exterior esté en armonía con tu percepción interna, y te mostrará el camino para lograrla.

La idea sobre la cual se fundamenta este principio es que todas las cosas en realidad son creadas dos veces. La creación física está precedida por una creación mental.

Si debes hablar en público, por ejemplo, ya sabes que no debes decir cosas como: "Espero no quedar mal", "espero que no me equivoque", "ojalá que no me vayan a temblar las piernas", o "¿por qué me habrán escogido a mí que odio hablar en público?". En lugar de esta comunicación pesimista, debes utilizar expresiones como: "Sé que todo saldrá bien", "amo hablar en público", "soy capaz y estoy segura de lo que voy a decir", "estoy disfrutando de poder hablar en público hoy", o "¡qué bueno tener esta oportunidad para hablar en público!".

Cambia tu diálogo interno, crea una nueva clase de imágenes en tu mente subconsciente acerca de cómo esperas y quieres que salgan las cosas. Una vez que hayas creado esta imagen, ruédala en tu mente una y otra vez. De esta manera, cuando finalmente estés en el escenario, no será la primera vez que te diriges a tu audiencia. Ya ellos serán viejos amigos puesto que los has visto en cada uno de tus ensayos mentales. Verás como este sencillo ejercicio te proporcionará más confianza en ti mismo y en tus habilidades.

Si estás pensando que de nada servirá todo esto, ya que la realidad es que simplemente no eres bueno para hablar en público, nunca lo fuiste y probablemente nunca lo serás, quiero que entiendas que es posible que esa haya sido tu realidad hasta ahora, pero la puedes cambiar. Todo lo que necesitas es tomar la decisión de hacerlo.

Plan de acción:

Quiero compartir contigo cinco ideas sencillas que pueden ayudarte a comenzar hoy mismo a tomar control de tus temores y ansiedades.

1. Recuerda que la única manera de controlar el temor y la ansiedad es enfrentándolas, no huyendo de ellas. Aunque te parezca incómodo, continua participando en aquellas actividades que sabes que son importantes para ti, así te produzcan cierta ansiedad. Recuerda que cada vez que enfrentas uno de tus temores ganas un mayor control sobre él.

2. Si aprendes a detectar a la mayor brevedad posible la aparición de tu ansiedad, podrás responder rápidamente e impedir que tome control de tu cuerpo y tu mente. Una de las estrategias más comunes es la respiración abdominal, que consiste en respirar fuerte y pausadamente llenando totalmente los pulmones de aire, algo que no solemos hacer en la respiración normal.

3. Una de las mayores causas de ansiedad entre las personas que deben hablar en público es no estar preparados sobre el tema que deben tratar. Así que toma el tiempo suficiente para preparar bien el tema de tu presentación. Incluso si estás seguro de aquello que vas a hablar; contar con más información sobre dicho tema te ayudará a estar aún más seguro de ti mismo. Una buena estrategia consiste en elaborar un resumen con los puntos principales que vas a

tocar, ya que esto te puede servir como guía durante tu presentación.

4. Algo que yo suelo hacer cuando las circunstancias lo permiten, es hablar con algunas de las personas del público antes de empezar. Cuanta más gente conozcas, más fácil será percibir la audiencia como un grupo amigable. De esta manera, durante tu presentación, siempre podrás mirar hacia ellos si necesitas ver una cara amistosa. Asegúrate de relajar la tensión de tus hombros y muévete. Moverse por el escenario pausadamente te hará sentir más calmado, al mismo tiempo que das al público la sensación positiva de estar totalmente en control del espacio, el tema y la situación.

5. Finalmente, si modificas tu diálogo interno y comienzas a crear nuevas imágenes de éxito que te muestren hablando en público con seguridad y entusiasmo, tu cerebro no podrá distinguir entre la realidad y la imagen que le estás presentando. Haz esto y será sólo cuestión de tiempo antes de que tu cerebro y tu mente comiencen a actuar y a comportarse de acuerdo con estas nuevas imágenes mentales.

Capítulo 4

Llegando a la mente de tu interlocutor

Yo sé que usted cree comprender
lo que piensa que yo he dicho,
pero no sé si se da cuenta
de que lo que usted ha oído
no es lo que yo quería decir.
—Pierre Rataud

$\mathcal{L}$a acción de leer un libro puede compararse con una calle de una sola vía, la información fluye exclusivamente del libro hacia ti. De otro lado, la comunicación entre dos seres humanos se asemeja más a una calle de dos vías, la información fluye de la persona "A" a la persona "B", quien la asimila, la evalúa, la asocia o compara con la información contenida en su mente subconsciente y después da una respuesta. De manera que las dos personas juegan el papel de interlocutores, percibiendo, asimilando y evaluando información durante todo el proceso.

Puesto que gran parte de este proceso ocurre en el interior de nuestra mente, podríamos decir que es imposible comunicarnos a menos que logremos penetrar en el cerebro, en la mente de nuestro interlocutor. La comunicación efectiva es mucho más que la simple transferencia de información de una persona a la otra.

Antes que la información llegue a la parte racional del cerebro, debe pasar a través de una puerta, de un puente, que es lo que se conoce como cerebro primario. Este cerebro primario, o sistema límbico como también es conocido, es la parte instintiva e intuitiva del cerebro.

Su función básica es garantizar nuestra supervivencia, alertándonos de todo aquello que pueda representar un peligro para nosotros. Así que como podrás imaginarte, este cerebro primario es un guardián muy cauteloso al momento de decidir cuál información aceptar y cuál no.

Siempre que enviemos un mensaje, transmitamos una idea, o comuniquemos algo a otra persona debemos preguntarnos: ¿Permitirá este guardián el paso de dicha información? ¿Llegará nuestro mensaje a su destino o será rechazado por el celoso guardián mental de nuestro interlocutor?

Siempre que transmitas cualquier idea, lo primero que el cerebro de quien te escucha estará buscando responder es: ¿Es esta persona amiga o enemiga? ¿Inspira confianza o desconfianza? ¿Seguridad o inseguridad? Y basado en lo que determine, facilitará o negará el acceso de tu mensaje al centro de procesamiento de información y toma de decisiones del cerebro de tu oyente. Él determina qué información puede pasar para ser analizada y utilizada en la toma de decisiones, y qué información es rechazada o ignorada.

¿Qué quiere decir esto? Antes que nosotros tengamos que preocuparnos por lo que va a decidir nuestro interlocutor, cuál será su respuesta o qué opinará sobre nuestra propuesta, tenemos que asegurarnos que la información va a llegar a su destino.

Piensa, ¿cuántas veces, quizás tú mismo, has perdido una gran oportunidad porque no lograste que otra persona ni siquiera te escuchara con total atención? Estaba oyéndote, pero tú podías ver que tu mensaje no le estaba llegando. En la relación de pareja, por ejemplo, una de las quejas más comunes es: "No importa qué tanto le explique a mi pareja lo que siento, no logro que ella me entienda. Es como si le estuviera hablando a la pared". Muchos padres suelen decir: "No logro siquiera que mi hijo analice y considere lo que le estoy diciendo. Es como si no quisiera escuchar."

Todas estas situaciones son evidencia de una sola cosa, no hemos logrado que el cerebro primario de la otra persona permita que nuestro mensaje llegue a su destino. Es por esta razón que personas competentes, conocedoras y preparadas, muchas veces no logran comunicar su mensaje por más lógico que sea.

¿Cómo lograr el permiso del cerebro primario? No con la lógica de tu mensaje verbal, sino con la confianza, el entusiasmo y la armonía que inspire tu mensaje vocal y visual. Ninguna de las excusas comunes va a cambiar esta realidad.

Tú puedes pensar, "esa no es mi personalidad", "lo que sucede es yo no soy así", "yo no soy extrovertido", "el problema es que yo me pongo muy nerviosa", "no tengo esa capacidad de convencimiento", o simplemente "es que yo no sirvo para hablar en público". Sin embargo, antes de utilizar cualquiera de estas excusas, pregúntate: ¿Quieres triunfar? ¿Quieres tener mejores relaciones con otras personas? ¿Quieres ser más persuasivo? ¿Quieres lograr el apoyo de los demás? Entonces debes aprender como llegar a la mente de tu interlocutor.

Cristóbal Colón y el poder del entusiasmo

Cristóbal Colón no logró el apoyo para efectuar los viajes que le permitieron descubrir un nuevo continente, debido a la lógica de sus ideas. Es más, no sólo todos creían que estaba loco, sino que, como ahora sabemos, la gran mayoría de sus planteamientos sobre el tiempo que tomaría su viaje, o sobre el tamaño de la tierra, la posición de Asia, que era su destino final, o acerca de la anchura del océano que separaba a Europa de Asia, eran datos errados.

Él no logró ese apoyo debido a la precisión de sus números y la lógica de su mensaje verbal. Lo hizo por su convicción y entusiasmo, por la fe que mostraba en sus ideas y porque contagió a otras personas de esa misma fe y entusiasmo. En resumen, Colón logró convencer al cerebro primario de ciertas personas con recursos y dinero, que era posible confiar en él.

El verdadero poder de todos los grandes comunicadores es lograr que otras personas vean que es posible confiar en ellos, en sus ideas, en sus planteamientos y esa cualidad es la convicción de la que hemos hablado.

Nosotros no queremos simplemente aprender a hablar en público. Lo que todos queremos no es sólo evitar ponernos nerviosos cuando estamos hablando frente a una audiencia. Lo que verdaderamente perseguimos es poder crear confianza en nuestros interlocutores, de

manera que nuestras ideas sean escuchadas y aceptadas, y tengan la posibilidad de influir y persuadir a otras
personas. ¡Eso es todo!

Los grandes comunicadores no se limitan a tratar
de persuadir a la parte intelectual del cerebro porque
saben que la parte emocional e instintiva del cerebro
juega un papel enormemente importante en el proceso
de la toma de decisiones.

Por esta razón debes tener siempre presente que
todas las señales que envías cuando hablas: tus gestos,
tu postura, el tono de tu voz, el contacto visual y cualquier otro tipo de comunicación no verbal, debe lograr
convencer al cerebro primario de quien te escucha,
antes que tus ideas —la parte verbal del mensaje— sean
escuchadas.

El cerebro primario no es el enemigo. Él no rechaza
información indiscriminadamente, por capricho o sin
bases. Lo hace porque está pensando en nuestra propia
seguridad. Lo que debemos hacer para convertirnos
en comunicadores persuasivos es lograr convencer al
cerebro primario de quien te escucha, que puede confiar
en ti, que tú representas confianza y seguridad. Recuerda que las personas sólo creen en aquellos en quienes
pueden confiar y sólo confían en aquellas personas en
las cuales pueden creer.

Creer y confiar son funciones del cerebro primario.
Algunas personas podrán confiar en ti desde el primer
momento, pero la gran mayoría necesita escucharte,

observarte e interactuar contigo durante algún tiempo antes de poder creer en ti.

La razón es sencilla. El cerebro primario de tu interlocutor no entiende tus palabras; su lenguaje es el lenguaje del comportamiento. Él está interesado en otros aspectos de la comunicación como por ejemplo, si tu voz proyecta seguridad o no, si denota autoridad; si tus manos se mueven nerviosamente, o si tu mirada es vacilante y desconfiada o, por el contrario, muestra seguridad y firmeza. Este es el lenguaje del cerebro primario.

¿No te ha sucedido alguna vez que puedes ver o escuchar a ciertas personas e inmediatamente sientes que puedes confiar en ellas, pero no sabes exactamente por qué? Lo llamamos intuición, o a veces nos referimos a esta habilidad para percibir si una persona es sincera o no, como al sexto sentido. Sin embargo, lo único que ha sucedido es que dicha persona ha inspirado en nosotros la confianza que nuestro cerebro primario necesita percibir para abrir de par en par las puertas de nuestra mente.

Plan de acción:

1. Identifica cualidades tuyas que sabes que inspiran confianza en las demás personas hacia ti y hacia tu mensaje.

2. Identifica cualidades en otras personas que tú consideres que las hace grandes comunicadores y piensa cómo puedes desarrollarlas en tu propia vida.

3. Pídele a alguien cercano a ti, que te diga qué cualidades ve en tu personalidad, que te caractericen como un buen comunicador y compáralas con las que tú crees poseer.

Capítulo 5
Elementos de la comunicación oral

La diferencia entre la palabra adecuada
y la casi correcta es la misma que
entre el rayo y la luciérnaga.
—Mark Twain

$\mathcal{M}$ucho antes de que se popularizaran los diferentes conceptos y aplicaciones de la programación neuro-lingüística, el profesor Albert Morabian de la Universidad de California había llegado a la conclusión de que un mensaje hablado estaba conformado en realidad por tres mensajes individuales:

- El mensaje verbal
- El mensaje vocal
- El mensaje visual

El doctor Morabian realizó un extensivo estudio sobre la relación existente entre estos tres componentes presentes en la comunicación hablada con el objetivo de medir el efecto que cada uno de ellos tenía sobre lo que nuestro oyente creía, o no, de nuestro mensaje. En otras palabras, qué tanto influía cada uno de estos aspectos en las decisiones que tomaban nuestros interlocutores respecto a lo que les estábamos diciendo.

La parte verbal del mensaje es la idea que queremos comunicar, el mensaje en sí, las palabras que salen de nuestros labios. A través de estas palabras pensamos, nos comunicamos, reflexionamos, nos expresamos, opinamos y nos relacionamos con otros para construir equipos, organizaciones y sociedades.

No obstante, muchas personas tienden a concentrarse exclusivamente en este mensaje verbal, asumiendo, erróneamente, que es la totalidad del mensaje, cuando en realidad es sólo una parte de él.

La segunda parte del mensaje la compone el elemento vocal. Esta parte incluye la forma en que son pronunciadas las palabras, la entonación, la proyección y resonancia de nuestra voz cuando hablamos, el énfasis que le damos a ciertas palabras y el sentimiento y la emoción que le imprimimos a ellas. En fin, todos los efectos moduladores que le damos a nuestra voz.

La tercera parte es el mensaje visual. El elemento visual está compuesto por todo aquello que tu interlocutor ve, tu expresión, los gestos y movimientos de tu cara y la postura de tu cuerpo mientras hablas. Es decir, todo aquello que conocemos como el lenguaje corporal.

El profesor Morabian encontró que el nivel de consistencia o inconsistencia entre estos tres elementos es el factor que determina el grado de credibilidad con que el mensaje es recibido. Esto es de vital importancia, ya que la credibilidad es la que nos permite influir en las decisiones de otros. En la medida en que aumente la armonía existente entre estos tres factores, aumentará el nivel de credibilidad en nosotros y en nuestro mensaje.

Cuando tus palabras dicen una cosa pero tu lenguaje corporal dice otra

¿Qué sucede cuando los tres componentes de tu mensaje —verbal, vocal y visual— se contradicen el uno al otro? ¿Qué ocurre cuando cada uno de ellos envía un mensaje distinto? La respuesta es obvia, transmitimos un mensaje donde las señales son confusas y contradictorias. ¿Qué crees que sucederá con la fuerza y convicción de tu mensaje? ¿Cuál de estas señales encontrará nuestro interlocutor más convincente?¿Qué parte de nuestro mensaje creerá y cuál ignorará?

¿Qué sucede, por ejemplo cuando ves a un amigo que va caminando despacio, arrastrando los pies, con los hombros caídos y cabizbajo, y le preguntas: ¿Hola, cómo estás? Y en voz baja él te responde: Excelente.

¿Qué parte del mensaje vas a creer, la palabra "excelente", el tono bajo y deprimido de su voz, o su postura física? Si alguien me responde de esa manera, te aseguro que yo ignoro totalmente la palabra "excelente", ya que los otros componentes del mensaje, el aspecto vocal y el visual, están contradiciendo totalmente el mensaje verbal.

Así la palabra haya sido adecuada, son el tono de su voz y la expresión de su rostro los que comunicarán su grado de sinceridad. En mi caso, estos dos aspectos suelen pesar mucho más que lo que la persona pueda estar diciendo. Esto fue precisamente lo que el doctor Morabian descubrió a lo largo de sus investigaciones: cuando enviamos un mensaje inconsistente o contradictorio, la fuerza del contenido verbal del mensaje se pierde totalmente.

Uno de los resultados más importantes de su investigación es que él logró cuantificar el porcentaje de credibilidad que cada aspecto contribuía a la totalidad del mensaje. Encontró, por ejemplo, que la parte verbal del mensaje es creída solamente un 7% del tiempo; en otras palabras, el mensaje en sí, sólo influye en las decisiones y acciones de nuestros interlocutores en un 7%. La parte vocal influye en un 38%, mientras que la parte visual contribuye en un 55%.

De manera que cuando la parte vocal y visual de nuestro mensaje —gestos, tono de voz y expresión corporal— que constituyen conjuntamente un 93% del mensaje, muestran cualquier nivel de inconsistencia con lo que estamos diciendo, nuestro mensaje no será creído. No importa que tan lógico y claro sea, que tan bien lo hayamos preparado o con qué tanta profundidad sepamos de lo que estamos hablando, nuestro oyente no creerá el mensaje, o por lo menos, no lo aceptará ni se dejará influir por él.

De otro lado, cuando aprendemos como coordinar estos tres componentes para formar un mensaje consistente, no sólo adquirimos credibilidad, sino que estamos en capacidad de comunicar con fuerza y poder. Saber cómo equilibrar correctamente los mensajes verbales y los no verbales, te dará más capacidad de comunicar lo que realmente quieres y te convertirá en un comunicador más interesante y agradable ante los demás.

El entusiasmo y la música en tu voz, trabajando conjuntamente con la energía, y el ánimo que expreses con tu cara, con tus ojos, con tu sonrisa, acompañado de una postura segura y confiada, transmitirán fuerza y convicción. Cuando esto sucede, tu mensaje satura dinámicamente la mente de tu interlocutor y abre las puertas de su subconsciente para que tus ideas sean recibidas sin dudas ni reservas.

Imagínate que estás realizando una presentación de ventas a un cliente potencial y éste te pregunta acerca de la calidad de tu producto. Y mientras hablas de ella, tu postura es de inseguridad o confusión; o tus manos se mueven nerviosamente, y tu mirada está distraída. No importa que la calidad de tu producto sea insuperable, ten la plena seguridad que tu mensaje verbal no logrará en tu cliente los resultados que tú esperas.

No sólo no creerá tu explicación, sino que tu lenguaje corporal inmediatamente creará desconfianza en tu cliente y será interpretado como falta de sinceridad. Indicará que estás ocultando algo, así seas totalmente honesto con él.

Emerson lo expresó de manera elocuente cuando dijo: "Cuando tu comportamiento habla a gritos, los demás no lograrán escuchar lo que digas." Es cierto, ya sea que le estemos hablando a nuestros clientes, a nuestra pareja o a nuestros hijos. Si estás tratando de convencer a tu hijo de los grandes problemas de la adicción a las drogas, pero lo haces mientras estás fumando, tu comportamiento estará enviando un mensaje mucho más diciente que el que tus palabras puedan estar expresando.

Entonces, el primer paso para convertirte en un gran comunicador, en una persona que expresa entusiasmo, fuerza y convicción al hablar en público es examinar cuidadosamente la consistencia entre los tres aspectos que componen tu lenguaje. Si ves que estás fallando en alguno de ellos, comienza a trabajar en mejorarlo. ¿Qué puedes hacer? He aquí algunas ideas para mejorar la efectividad de cada uno de esto tres mensajes.

Mensaje verbal. A pesar de que representa sólo un 7%, asegúrate que sabes de lo que vas a hablar. Ya sea que estés conversando con tu pareja o con tus hijos, que te encuentres frente a un cliente o frente a tu equipo de trabajo, o frente a una audiencia de miles de personas, no hay nada más frustrante y desmotivante que escuchar a alguien que no tiene ni idea de lo que está hablando.

Si verdaderamente deseas dar fuerza y energía a tu mensaje, recuerda que un vocabulario rico y la habilidad para utilizarlo, es la diferencia entre lo apropiado y lo espectacular. ¿Qué puedes hacer? Cómprate un buen diccionario, aprende constantemente nuevas palabras. Utiliza palabras pintorescas. Recuerda que el cerebro piensa en imágenes. Si le ayudas con palabras que sean fáciles de visualizar la comunicación será mucho más fácil.

Mensaje vocal. Una de las características más dominantes de aquellas personas poco efectivas al momento de hablar en público es la monotonía con que presentan su mensaje. Pocas cosas cierran las puertas de la mente de tu interlocutor más rápidamente que un mensaje monótono. De hecho, aunque esta palabra está compuesta de las palabras "mono" (uno) y "tono", y su significado literal es, un solo tono, si buscas en un diccionario los sinónimos de la palabra monótono, encontrarás las siguientes expresiones: aburrido, fastidioso, molesto y pesado.

Ten mucho cuidado, ya que estos mismos adjetivos son los que tu audiencia utilizará para referirse a tu presentación si no valoras la importancia del mensaje vocal. Aprende a modular el volumen y tono de tu voz para evitar que te vuelvas monótono. Los grandes comunicadores han aprendido a darle un mayor énfasis a ciertas partes de su mensaje y a aumentar o disminuir la velocidad con que hablan. Ellos han descubierto que utilizar ciertos efectos moduladores en su voz es tan importante para influir en las acciones y decisiones de sus interlocutores como el contenido de su mensaje.

Mensaje Visual. Es importante de entender que cuando hablas, todo tu cuerpo habla. Muy pocas personas son del todo conscientes de cuántas cosas revelan acerca de sí mismas con el lenguaje de su cuerpo y las expresiones de su rostro. Así que presta atención a tu postura, a tu cara, a tu sonrisa, ya que todo esto le inyectará o le restará fuerza a tu mensaje.

En los siguientes capítulos profundizaremos en diferentes estrategias que podemos utilizar inmediatamente para mejorar la efectividad de cada uno de estos tres aspectos de nuestro mensaje.

Plan de acción:

1. Prepara una presentación de cinco minutos sobre cualquier tema. Si eres vendedor, toma la presentación que generalmente le haces a un cliente; si eres gerente, imagínate que le vas a hablar a tu equipo de trabajo sobre las metas del próximo año. En otras palabras, escoge un tema sobre el cual vas a hablar durante cinco minutos, y preséntalo como si estuvieras frente a un grupo; si puedes, grábalo en audio. Si lo grabas en video será mucho mejor porque así podrás examinar los tres aspectos de tu mensaje al mismo tiempo.

2. Una vez que hayas hecho esto, califica tu mensaje verbal, vocal y visual. Evalúa las siguientes áreas:

   • Ritmo: ¿Hablas demasiado lento o muy rápido? ¿Estás haciendo suficientes pausas?

   • Fuerza: ¿Estás proyectando tu voz con suficiente fuerza, o es demasiado débil? ¿Es variada o monótona?

   • Tono: ¿Es el tono de tu voz demasiado agudo o muy bajo? ¿Tiendes a ahogarte cuando hablas? ¿Haces énfasis en las partes más importantes de tu mensaje?

   • Timbre: ¿Tienes una voz nasal o forzada? ¿Es tu voz es ronca, apagada o agradable?

- Seguridad: ¿Te expresas con seguridad o vacilas al hablar? ¿Utilizas muletillas o sonidos innecesarios para llenar espacios?

Si hay algo que no te gusta, trabaja en ello y vuelve a realizar tu presentación hasta que sientas que has mejorado. Recuerda que la clave del éxito es práctica, práctica, práctica.

Capítulo 6

La mejor manera de decirlo

Recuerda que no basta con decir
una cosa correcta en el lugar correcto,
es mejor todavía pensar en no decir algo incorrecto
en un momento tentador.
—Benjamin Franklin

$\mathscr{L}$a comunicación verbal incluye las palabras, expresiones e ideas que deseamos comunicar, ya sea de forma escrita o hablada. A pesar de que, como ya lo mencionara en el capítulo anterior, esta parte verbal del mensaje influye sólo en un 7% sobre la respuesta de tus oyentes, es importante entender que, por pequeño que sea, es este mensaje lo que te ha llevado a querer comunicarte con ellos en primera instancia.

En cuanto al mensaje verbal, lo más importante es asegurarnos de identificar el verdadero propósito que perseguimos al comunicarlo. En general, lo que buscamos al comunicar una idea a otra persona es que ella actúe o responda de cierta manera.

Si estás delegando una tarea a uno de tus empleados, el objetivo es que esa persona lleve a cabo dicha acción. Cuando realizas una presentación de ventas, el objetivo es que el cliente potencial ordene tu producto o utilice los servicios de tu empresa. Al hablar con tu pareja sobre alguna situación que está afectando negativamente tu relación, lo que buscas es crear una nueva realidad donde reine la armonía nuevamente. Si estás reprendiendo a tu hijo o hija por un comportamiento absolutamente inaceptable que haya tenido en la escuela, tu objetivo es que él o ella entienda el error de dicho comportamiento y la importancia de que no se vuelva a repetir.

Para lograr cualquiera de estos objetivos, debes planear y analizar lo que quieres comunicar, y determinar cuidadosamente la manera más apropiada de decirlo, ya que lo que buscas comunicar no son simplemente palabras sino emociones, sentimientos y valores personales.

Por esta razón debes tener siempre presente que en la inmensa mayoría de los casos, obtener los resultados deseados no depende necesariamente de lo que digas sino de cómo lo digas.

El periódico New York Times de la ciudad de Nueva York, publicó en un artículo hace algunos años, un ejemplo que ilustra la importancia de saber cómo decir las cosas y cómo comunicar las emociones. Pese a que este ejemplo ilustra la importancia de la comunicación en el campo de las ventas, sus enseñanzas pueden ser fácilmente aplicadas a cualquier otra área de nuestra vida.

El ejemplo dice que cierta persona deseaba vender su casa y había tratado de hacerlo por varios meses a través de diferentes agencias sin obtener ningún resultado. El periódico publicó algunos de los avisos que estas agencias habían utilizado, y en su mayoría eran algo así por este estilo:

Vendo hermosa casa con garaje, espacioso jardín, cuatro cuartos, y chimenea. Posee aire acondicionado, calefacción y acceso conveniente a escuelas y centros comerciales.

Todos estos detalles y características son importantes a la hora de ofrecer cualquier producto. Sin embargo, es bien sabido que las personas no compran características o beneficios, a menos que se puedan ver disfrutando de ellos en su propia vida. En otras palabras, su decisión de comprar es más emocional que basada en argumentos lógicos. Si deseamos ser efectivos en el campo de las ventas, tenemos que poder ayudar a nuestros clientes a crear y experimentar las emociones y sentimientos que les permitan tomar la decisión de comprar nuestro producto.

Después de varios meses sin obtener resultados positivos, aquella persona decidió tomar las cosas en sus propias manos y publicar un anuncio que transmitiera sus sentimientos y que dejara en claro el propósito de dicho anuncio. He aquí el anuncio que ella publicó. El aviso en letras grandes decía:

¡Extrañaremos nuestro hogar!

Hemos sido felices en él, pero infortunadamente cuatro cuartos ya no son suficientes y por tal razón debemos mudarnos.

Si le gusta el calor de la leña quemándose en la chimenea, mientras admira la naturaleza a través de grandes y espaciosos ventanales; si gusta de un jardín despejado, propicio para admirar las puestas de sol en el verano o las templadas y calladas mañanas primaverales, y desea disfrutar de todas las ventajas de un hogar bien situado, es posible que usted quiera comprar nuestro hogar.

Esperamos que así sea. No quisiéramos que estuviera solo para estas navidades.

La casa se vendió al día siguiente.

Ahora bien, cuando tú como comprador lees este aviso, lo primero que te imaginas es una familia feliz para la cual simplemente la casa ya es demasiado pequeña. No hay nada malo con la casa, simplemente la familia ha crecido y necesita una más grande.

Otra lección que nos deja este ejemplo es entender que la efectividad de nuestro mensaje dependerá en gran medida de las palabras que escojamos. Eso no quiere decir que debamos convertirnos en expertos en léxico, semántica y ortografía si queremos llegar a ser grandes comunicadores. Lo que significa es que debemos asegurarnos de escoger las palabras y expresiones que dibujen las imágenes, describan los sentimientos y transmitan las emociones que nos permitan obtener los resultados que buscamos al comunicar nuestras ideas. Eso es todo.

Plan de acción:

1. Examina nuevamente la presentación que desarrollaste en el capítulo anterior. Determina si hay palabras o expresiones que puedan transmitir de manera más efectiva el mensaje que quieres compartir con tu interlocutor.

2. Preocúpate de enriquecer tu vocabulario. No te limites a las mismas palabras que usas habitualmente. Con frecuencia, cuando estoy satisfecho con el mensaje que voy a presentar en alguna de mis conferencias, como último paso consulto un diccionario que me ayuda a ver si existen otras palabras más pintorescas y atractivas, o expresiones más dinámicas que me permitan transmitir el mismo mensaje de una manera aún más entusiasta y efectiva.

CAPÍTULO **7**

La energía y seguridad que proyecta tu voz

Sea esta la regla de nuestra vida:
decir lo que sentimos y sentir lo que decimos.
En suma, que la palabra
vaya de acuerdo con los hechos.
—Séneca

Cuando estamos escuchando a otras personas, solemos prestar gran atención a las características de su voz. Una voz apagada indica a menudo una persona reservada o aburrida. Las voces nasales no suelen agradarle a muchas personas. De otro lado, una voz tensa puede dar la impresión de rigidez o mal carácter. En las mujeres, curiosamente, la tensión en la voz también suele asociarse con la inmadurez, el sentimentalismo y los nervios.

Una persona que habla en voz demasiado baja es considerada tímida, mientras que una que habla demasiado alto, es juzgada como agresiva o atrevida. Quien habla en un tono de voz correcto y moderado, no provocará, seguramente, una primera impresión equivocada.

Cabe aclarar que todas estas impresiones son muy subjetivas, y no necesariamente comunican lo mismo a todo aquel que las escucha. Por ejemplo, aquellos que hablan rápido suelen ser percibidos por ciertas personas como animados y extrovertidos, mientras que otras pueden interpretar esto como muestra de nerviosismo.

Invariablemente, aquellos que te estén escuchando sacarán conclusiones, basándose no sólo en la lógica y la sensatez de lo que estás diciendo, sino también en cómo lo digas. Eso no significa que te estén juzgando o valorando constantemente. La mayoría de las personas saben que muchas veces las primeras impresiones suelen ser erradas, sobre todo cuando se basan en muy poca información, y por lo tanto, están dispuestas a reservar su opinión hasta tener más elementos de juicio.

Sin embargo, las personas tienden a juzgar y a valorar ciertos defectos del habla, como repetir las palabras, no completar las frases, o hablar demasiado bajo, como indicios de nerviosismo y ansiedad. En cambio, cuando se expresa con tranquilidad, la persona muestra ser fuerte, entusiasta, competente y segura de sí misma. Estas cualidades trasmiten convicción por nuestras ideas y crean confianza en quien las escucha.

¿Cómo podemos transmitir convicción y confianza? En mi caso, siempre presto atención a la energía con que proyecto mi mensaje, porque sé que esa energía emana entusiasmo y ese entusiasmo proyecta fe y seguridad. Y esas emociones son las que el cerebro primario quiere ver para crear una atmósfera en la cual sea fácil compartir.

El grado de emoción comunicado por medio de la voz suele ser muy fácil de percibir. Emociones como el miedo, la alegría, el amor, el nerviosismo, el orgullo, la tristeza, la satisfacción y la simpatía pueden ser percibidos sólo por el tono de la voz. Las personas hábiles para expresar sus emociones a través de la voz lo son también para reconocer las emociones de los demás, y esto es lo que las hace grandes comunicadoras. Sin embargo, la persona tímida, inhibida e inexpresiva, que no le da fuerza a su voz, tendrá seguramente más dificultad en apreciarlas.

La mejor herramienta que posees para transmitir energía y entusiasmo

Tu voz es la mejor herramienta que tienes para transmitir entusiasmo. La fuerza y el volumen que utilices, la entonación y el énfasis que le des a las palabras determina el nivel de energía que proyectas.

No sé si te has puesto a pensar lo expresivo que puede ser este instrumento que es la voz. Una sola palabra que expresemos puede revelar gran cantidad de información acerca de nosotros o de nuestro estado de ánimo. Si crees que estoy exagerando, quiero que realices el siguiente ejercicio: toma el teléfono, llama a cuatro o cinco personas, amigos o familiares y escucha con atención cuando ellos digan: ¡hola!, ¿alo?, ¿bueno?, o como sea que ellos suelan responder.

Sólo con escuchar esta palabra casi que puedes adivinar el estado de ánimo de la persona. Lo mismo sucede cuando saludas a alguien y le preguntas cómo está. Lo que quiero que veas es la enorme cantidad de información que una sola palabra puede dar acerca de quien la dice.

Si realizaste el ejercicio que sugerí anteriormente de grabar tu voz, entonces ya sabes como se te oye en audio casete. Ahora, la pregunta es: ¿Te gustó la voz que escuchaste o pensaste, *ese soy yo?* Muchas personas piensan que la grabadora ha distorsionado su voz, pero la verdad es que la voz que escuchas se asemeja mucho más a lo que las demás personas oyen cuando hablas, que lo que tú mismo escuchas cuando estás hablando. La razón es muy sencilla, la voz que escuchamos en el audio casete y la voz que nuestro oyente escucha, es transportada a través de las ondas del aire, mientras que la voz que nosotros escuchamos cuando hablamos es conducida a través de los huesecillos del oído medio.

Si aún no has grabado tu presentación hazlo ya mismo. Si deseas saber como te oyen los demás cuando hablas, graba tu voz. Esta es la única manera en que podrás apreciar qué tanta energía transmites cuando hablas, y podrás identificar los atributos y las debilidades en tu manera de hablar.

Si después de escuchar tu voz decides que necesitas trabajar en ciertas áreas, déjame compartir contigo algunas cosas que todos podemos hacer para agregarle más dinamismo a nuestro mensaje y más energía a nuestra voz.

Comienza por aprender a hablar pausadamente. Respira, tómate tu tiempo al hablar. Elimina acentos demasiado marcados que puedan distraer a tu interlocutor del verdadero mensaje. Evita hablar de una manera monótona y sin ninguna variante. Utiliza varios volúmenes y tonos para dar fuerza a tu mensaje y transmitir diferentes emociones. Sube el volumen cuando sea necesario, bájalo si quieres atraer la atención de tu interlocutor, o dale más velocidad si deseas agregarle un mayor dinamismo a cierta parte de tu mensaje.

Recuerda que no es lo que digas sino cómo lo digas. Estudia tu voz y determina que cambios puedes hacer a tu manera de hablar para darle más energía a tu mensaje.

Otro aspecto muy importante es prestar mucha atención a tu voz telefónica. La entonación, el volumen y la resonancia de tu voz son responsables por un 84% del impacto emocional y credibilidad de tu mensaje cuando estás hablando por teléfono y la otra persona no pueda verte directamente.

Después de todo, si la otra persona no puede evaluar tu mensaje visual, no tienes la oportunidad de llegarle a ella con ese 55% que es el lenguaje corporal. La única opción que tienes para imprimirle dinamismo y fuerza es acentuar aun más otros aspectos como el volumen de tu voz, la velocidad, la entonación y el énfasis que pongas en las palabras.

Finalmente, otra estrategia que le agregará dinamismo a tu mensaje es algo que enfatiza Zig Ziglar en sus libros sobre ventas: Elimina todas aquellas seudopalabras o muletillas que comúnmente obstaculizan el mensaje y le restan fuerza y energía. ¿Sabes a qué me refiero? Las muletillas más comunes son sonidos como "Eh", "Ah", y "Uhm" y algunas palabras y expresiones sueltas que utilizamos reiteradamente para llenar espacios en nuestro mensaje. Expresiones como: "o sea", "este", "entonces", "y", o "mejor dicho".

Qué sucede por ejemplo, si en una presentación dices a un cliente:

"Bueno, ah, antes que nada, eh, quiero decirle que, eh, este es uno, o sea, de los mejores, mejor dicho, eh, es el mejor producto que hay en el mercado."

Estas muletillas no sólo roban la fuerza de tu mensaje, sino que te hacen aparecer inseguro, vacilante y hasta incompetente. Como resultado de esto, el cerebro primario de tu oyente levanta la guardia y escucha con desconfianza lo que tienes que decir. El cerebro primario de tu oyente está pensando: "Si esta persona vacila y no está segura acerca de su mensaje, ¿por qué voy a estarlo yo?"

Así que elimina las muletillas de tu lenguaje. Yo aprendí a reemplazarlas con pausas. Tú puedes pausar hasta por tres o cuatro segundos en la mitad de una oración. Esto no sólo es perfectamente natural para tu oyente, sino que le agrega dinamismo y expectativa a lo que estás diciendo.

Recuerda que la energía y seguridad que proyecta tu voz es uno de los elementos más importantes de tener en cuenta si deseas llegar al cerebro primario de tu interlocutor.

Cómo cautivar a nuestro interlocutor

Si deseas cautivar a tu interlocutor, involúcralo activamente en la conversación. Siempre que te comunicas con otro ser humano a través del lenguaje hablado debes entender que estás haciendo mucho más que transmitir información. Comunicar es mucho más que dar órdenes a nuestros empleados, dar instrucciones a nuestros hijos o presentarle a nuestros clientes los beneficios de nuestro producto.

Comunicar comprende la transmisión de información, convicción y entusiasmo. Cuando comunicas estás revelando ideas, opiniones y emociones con las cuales buscas persuadir a tu oyente. Si todo lo que buscas es impartir información, entonces es suficiente con que envíes una carta o un correo electrónico. Pero si deseas cautivar a tu audiencia, utiliza tu voz, relata historias, usa metáforas; mira a tu interlocutor a los ojos; asegúrate de transmitir emoción y entusiasmo; muévete y haz cuanto sea necesario para involucrar a tu oyente en la conversación. Recuerda que el entusiasmo es contagioso.

Cuando estés hablando con otras personas, haz preguntas, pide opiniones, involúcralas en la conversación. Esto no sólo te permitirá aprender más de ellas, sino que te dará la oportunidad de evaluar cómo están percibiendo las ideas que estás transmitiendo.

Plan de acción:

1. Examina las diferentes características de tu voz. Determina qué aspectos necesitas mejorar y escribe dos o tres acciones que puedes comenzar a poner en práctica, ya mismo, que te permitirán mejorar en dicha área. Durante las próximas semanas, presta especial atención a cómo estás progresando en esas áreas y toma nota de dicho progreso.

2. Pídele a otra persona que te escuche durante una conversación casual y te deje saber que muletillas y seudo-palabras utilizas con mayor frecuencia al hablar.

Capítulo 8
El poder del contacto visual

Quien no comprende una mirada
tampoco comprenderá una larga explicación.
—Proverbio árabe

$\mathcal{S}$e podría decir que el sentido de la vista es el más dominante de los cinco sentidos. Los enlaces nerviosos que van del ojo al cerebro son veinte veces más extensos que aquellos que van del oído al cerebro. De toda la información que llega al cerebro a través de los sentidos, la información visual es la que logra un mayor impacto en él. Quizá debido a esto se habrá hecho tan popular aquella frase que dice que "una imagen vale más que mil palabras".

¿Cómo podemos entonces utilizar el contacto visual para realzar o intensificar nuestro mensaje en lugar de debilitarlo? Empecemos por entender que los ojos son, incuestionablemente, la parte más expresiva del rostro. Muchos de nosotros prestamos especial atención a la mirada de nuestro interlocutor en busca de señales que nos permitan aprender sobre su carácter e intenciones. De manera que el hecho de que mires —o no mires— a los ojos de tu interlocutor, revela muchos aspectos de tu personalidad. Si alguien causa una pobre impresión, suele ser consecuencia de un inapropiado contacto visual, sobre todo durante la conversación.

El contacto visual, literalmente, conecta nuestra mente con la mente de quien nos escucha.

Cuando tus ojos miran a los ojos de otra persona, se establece una comunicación directa entre tu cerebro primario y el cerebro primario de la otra persona. ¿Miras el suelo mientras hablas? ¿Miras por la ventana mientras escuchas lo que te están diciendo? ¿Esquivas la mirada de tu interlocutor? Todos estos interrogantes son de gran importancia, ya que cuando no logras establecer el contacto visual apropiado, la verdad, importa poco cuál sea tu mensaje hablado, ya que tu mirada abre o cierra las puertas del cerebro primario.

La frecuencia con que mires a los ojos a otra persona crea también impresiones diversas. En un contexto social, amistoso y relajado, mirar a alguien siempre es un mensaje que inspira sentimientos positivos. En aquellas conversaciones donde estamos comunicando un mensaje importante, debemos mirar con frecuencia a la persona que nos escucha. Si a su vez, ella se inclina hacia delante y nos mira frecuentemente mientras le hablamos, es una clara señal de que está interesada en nuestro mensaje.

No obstante, hay ocasiones donde es más conveniente limitar la frecuencia con que miramos directamente a los ojos de nuestro interlocutor. Por ejemplo, cuando te dispongas a hacer una evaluación de tipo personal, y no estés seguro de cómo será recibida, disminuye el contacto visual directo con la otra persona.

En general, durante una conversación, cada persona mira a los ojos de la otra una tercera parte del tiempo. Si mantienes poco contacto visual corres el riesgo de crear una impresión poco agradable, de culpabilidad, aburrimiento o timidez. Si embargo, un contacto visual excesivo puede ser igualmente desfavorable para una buena comunicación ya que puede parecer intimidante o intruso, y generar emociones y sentimientos negativos en los demás.

Hay personas, por ejemplo, que poseen lo que yo llamo una mirada de águila. Inclusive en conversaciones informales tienen una mirada penetrante que intimida a cualquiera que esté hablando con ellos.

Recuerdo a cierto gerente de ventas que sufría de este mal. Su mirada intimidaba inclusive a sus hijos. Lo peor de todo es que cuando se encontraba frente a su equipo de trabajo su mirada de águila se intensificaba, y como consecuencia de ello, no lograba establecer una comunicación efectiva con su grupo, ni crear una atmósfera relajada. El resultado era que muchas de las personas en su equipo de trabajo evitaban comunicarse directamente con él, lo cual afectaba seriamente su efectividad. Como este gerente, hay personas para quienes su mirada dominante e intimidante se ha convertido en uno de sus peores enemigos.

Otras personas sufren de todo lo opuesto. Ellas poseen una mirada evasiva. Nunca, o muy pocas veces, hacen contacto visual con su interlocutor. Este mal hábito puede enviar a quien nos escucha uno de varios mensajes. La mirada evasiva puede estar diciendo: "No estoy interesado en esta conversación", "estoy pensando en otra cosa", "no me atrevo a mirarle a los ojos por temor", "estoy ocultando algo", "soy inseguro" o "poseo una baja autoestima". Y es posible que ninguna de estas situaciones sea cierta. Sin embargo, cierto o no, ese es el mensaje que entenderá el cerebro primario de nuestro interlocutor, ante una mirada evasiva.

En general, el tiempo durante el cual miramos a nuestros interlocutores dice mucho acerca de nuestro grado de sinceridad. Según algunos psicólogos, cuando alguien miente, suele mirar a la otra persona durante periodos de tiempo más cortos que cuando dice la verdad. Así que si deseas que te crean y quieres ser persuasivo, mira con frecuencia a la otra persona que te escucha mientras estás comunicando tu mensaje.

Generalmente, es difícil controlar el nivel de contacto visual, ya que los movimientos de los ojos son mayormente controlados por nuestro subconsciente. Pero si tienes la impresión de tener una mirada evasiva y bajarla con excesiva frecuencia en el curso de una conversación normal, trabaja para cambiar este hábito. Cada vez que hables con alguien, haz el propósito deliberado de mirarle a los ojos. Al principio seguramente te sentirás algo incómodo, e incluso te parecerá grosero o inapropiado, pero con el tiempo, te resultará cada vez más fácil establecer el contacto visual óptimo.

En tiempos pasados, yo sufría del peor caso de mirada evasiva que puedas imaginarte. Cuando tenía que hablar en público, mi cara se ponía roja, mis manos temblaban y jamás miraba a la gente a los ojos. Yo miraba hacia arriba, hacia los lados y al piso. Todo, con tal de no mirar a la otra persona.

Por largo tiempo mi mirada evasiva me privó de desarrollar mejores relaciones con otras personas. No me permitía comunicar mis sentimientos y emociones reales o proyectar mis verdaderas capacidades, ya sea que estuviese hablando con mi esposa, mi jefe o mis compañeros de trabajo. Sabía que esto me estaba deteniendo de lograr mis metas y por eso decidí cambiar. Resolví esforzarme por mirar a las personas a los ojos cuando hablaba con ellas. Al principio fue difícil; me sonrojaba peor que de costumbre. A veces se me olvidaba lo que estaba diciendo por concentrarme en mantener el contacto visual con los demás. Pero finalmente aprendí y todo comenzó a cambiar.

Mi nivel de confianza cambió, mi autoestima mejoró. Aquellos logros que habrían parecido imposibles años atrás, hoy son realidad, todo como consecuencia de haber dado ese pequeño paso, que para muchos, quizás no sea un problema mayor, pero que para mi era un obstáculo enorme. Así que créeme cuando te digo que tú también puedes cambiar.

Plan de acción:

1. Durante la próxima semana presta atención a tu mirada y al papel que juega tu contacto visual durante cualquier tipo de presentación o interacción con otras personas. ¿Tienes una mirada de águila o una mirada evasiva? ¿Sueles bajar los ojos o desviar tu mirada cuando hablas con otras personas?

   Si sufres de cualquiera de estos males, reemplaza tu mirada dominante o evasiva por un contacto visual que involucre a la otra persona en la conversación. Como punto de referencia, considera que una mirada dominante significa mirar a la otra persona directamente a los ojos por un periodo mayor a diez o quince segundos. Ya sea que lo hagas en una conversación de negocios o en una charla informal, esta mirada dominante hará que tu interlocutor se sienta incómodo. Entonces, en lugar de mirarle constantemente a los ojos mira en dirección a su cara. Mantener a la otra persona involucrada en la conversación toma aproximadamente cinco segundos.

2. Pídele a alguna persona que te conozca a fondo, que te diga cómo ve tu contacto visual con los demás en una conversación informal; pregúntale si eres de los que intimidan a las otras personas con su mirada o, por el contrario, las invitan a establecer y mantener una buen nivel de comunicación. En cualquiera de los dos casos, profundiza un poco más sobre lo que puedes mejorar o cambiar.

Capítulo 9
La sonrisa y los gestos

Para hacerse comprender
lo primero que hay que hacer con la gente
es hablarle a los ojos.
—Napoleón

*C*uando hablas, los ojos de quien te escucha se centran la mayor parte del tiempo en tu cara. Así que asegúrate que tu sonrisa y tus gestos te estén ayudando a comunicar tu mensaje y no que lo estén debilitando.

Existe un gran número de expresiones faciales que pueden complementar o restarle fuerza a tu mensaje. La boca, que sonríe o hace otros gestos; la frente, que puede fruncirse y las cejas, que pueden mostrar una gran variedad de estados de ánimo. De hecho, las expresiones faciales son las herramientas de comunicación no verbal más elocuentes que tienes a tu disposición. Arrugar la nariz, abrir o cerrar los ojos y otros gestos, por sí solos o en conjunto, expresan una gran variedad de matices emocionales. El rostro es tan expresivo que puede producir sonrisas imperceptibles, prácticamente imposibles de describir con palabras y, sin embargo, de claro significado para quien las observa.

Naturalmente, el lenguaje del rostro no siempre es fácil de interpretar, ya que es posible que ciertas señales faciales estén ocultando emociones contradictorias. Es posible que un vendedor esté a punto de perder la paciencia con un cliente particularmente difícil, a pesar de lo cual mantiene una sonrisa amable.

Recuerda que la función principal del cerebro primario de tu interlocutor es buscar toda señal no verbal que lo convenza de que puede confiar y creer en ti. Él no está tan interesado en lo que hablamos, si no en la manera en que nos sintamos acerca de lo que estamos diciendo. Él sabe que si verdaderamente creemos en lo que estamos diciendo, lo expresaremos con pasión y entusiasmo.

Esta es una habilidad que aprendemos e interiorizamos en nuestro subconsciente desde niños. El cerebro primario del niño escucha y reconoce la risa de la madre desde que se encuentra en el vientre materno, y comienza así a hacer asociaciones a nivel subconsciente. Durante la infancia ese niño aprende que la persona que no sonríe no posee ese calor humano que lo hace sentir a gusto, y también que puede confiar en aquellas personas que sonríen cuando hablan.

Hay muy pocas cosas que logran impactar tanto a quien nos escucha, como lo hacen una postura abierta y una sonrisa amplia. Una sonrisa no sólo se dibuja en los labios sino que se refleja en los ojos. El cerebro primario siente desconfianza y apatía hacia una persona que tiene una postura cerrada o una cara no sonriente. Es más, en ocasiones puede hasta percibirla como una amenaza. Así que sonríe con frecuencia y busca eliminar todo gesto que le esté robando fuerza a tu mensaje.

Si quieres lograr una atmósfera doblemente propicia para una mejor comunicación con tu interlocutor, puedes utilizar humor en tu presentación. La persona que logra que su audiencia ría, gana más votos que aquel que la pone a pensar. El humor crea un enlace especial entre tú y tus oyentes. Es virtualmente imposible no gustar de alguien que nos hace reír. Un buen sentido del humor hará de tu mensaje algo memorable, y es una gran herramienta en el arsenal de todo gran comunicador.

Yo utilizo muchas historias en todos mis seminarios y, curiosamente, inclusive años más tarde, encuentro personas que no sólo las recuerdan, sino que han asimilado las enseñanzas que éstas buscaban ilustrar.

No quiero decir que debas convertirte en un cuenta chistes o que cada dos minutos debas hacer una nota graciosa, porque eso no sólo distrae sino que puede crear desconfianza en la otra persona. Sin embargo, recuerda que por naturaleza, a todos no gusta reír. Adquiere un buen sentido del humor y seguramente descubrirás que tu mensaje encuentra menos barreras en pasar las puertas del cerebro primario de tu interlocutor.

El lenguaje de los gestos

¿Cómo aprender a dominar las expresiones faciales de manera que logremos comunicar exactamente lo que queremos, particularmente cuando nos es difícil expresar nuestras emociones? La mayoría de las personas tímidas, por ejemplo, optan por reprimir las expresiones de su rostro, no porque tengan la costumbre de ser poco expresivas, sino porque desean ocultar la ansiedad y la tensión que les está aquejando. Sin embargo, les es difícil mantener la inexpresividad de su rostro por largo tiempo y terminan por sonrojarse.

Cuando te das a ti mismo la oportunidad de expresar tus emociones y exteriorizarlas en lugar de reprimirlas, no sólo te conviertes en un comunicador mucho más interesante y persuasivo, sino que te sientes mucho más cómodo al descubrir quién eres verdaderamente.

Aprende a utilizar favorablemente tu propio lenguaje corporal y a interpretar correctamente el de los demás. Los grandes comunicadores saben la importancia de desarrollar estas dos habilidades al máximo. Ten presente que tu lenguaje corporal compone el mayor porcentaje de lo que comunicas. Si estás encargado de un proyecto en el trabajo y buscas proveer dirección a tu equipo, tu autoridad se verá minada si tu lenguaje corporal trasmite una falta de confianza en ti mismo. De modo similar, tu deseo de hacer nuevos amigos puede verse frustrado si tu lenguaje corporal y tus gestos son inconscientemente agresivos.

¿Por qué es tan importante aprender a interpretar los gestos y señales que envían las demás personas? Una razón es que estos comunican mensajes que muchas veces las personas encuentran difícil expresar con palabras. La gente tiende a responder habitualmente con pequeños gestos y movimientos físicos ante situaciones emocionalmente estresantes. Algunas personas tienden a parpadear demasiado, otras se llevan con frecuencia la mano al rostro, inclinan la cabeza hacia un lado o estiran el cuello de vez en cuando. Según los psicólogos, todo este tipo de gestos y movimientos son una forma de liberar la ansiedad que podemos estar experimentando, como resultado de aquello que estamos escuchando.

Como verás al final de este capítulo, la interpretación de todos estos gestos es muy subjetiva, y no debemos cometer el error de creer que está regida por normas inflexibles. No obstante, debido a que muchos gestos pueden ser interpretados de manera errada, es importante que seas consciente de ellos a la hora de evaluar tu propio estilo comunicativo y busques modificarlos si fuese necesario.

Por ejemplo, desde muy joven pude darme cuenta que yo poseía una señal muy particular que había heredado de mi padre y mi abuelo, un ceño fruncido que está presente incluso cuando estoy sonriendo. Este gesto suele acentuarse aún más cuando estoy concentrado, o escuchando con atención a mi interlocutor.

Durante mucho tiempo, las personas solían preguntarme si algo me preocupaba, si estaba enojado, o no había entendido lo que me habían dicho. Yo no podía explicarme el porqué de estos cuestionamientos, cuando yo no era consciente de haber dado ninguna señal verbal que los ameritara. Sin embargo, en cierta ocasión en que me encontraba editando un video que iba a ser presentado en la televisión, mientras trabajaba exclusivamente con la parte visual y había bajado totalmente el volumen del video, pude notar fácilmente esta expresión de preocupación o inquietud en mi rostro.

Recuerdo que tuve que subir el volumen para escuchar de qué estaba hablando, ya que no recordaba haber tratado ningún tema que ameritara esta expresión, a mi modo de ver, extremadamente seria. Así fue como me di cuenta del mensaje no verbal que enviaba mi ceño fruncido.

Puesto que para mí era importante asegurarme de que mi lenguaje no verbal y mis gesticulaciones no estuvieran disminuyendo la efectividad y el poder del mensaje que quería comunicar, decidí ver qué podía hacer al respecto. Aunque no he podido corregirlo totalmente, he aprendido ciertas maneras de contrarrestar su efecto. Comparto esta anécdota contigo, porque es importante que entiendas que en el área del lenguaje corporal, como en cualquier otra área, siempre se puede aprender y mejorar.

Lo que puede lograr una sonrisa

Muchos experimentos e investigaciones psicológicas han confirmado lo que todos ya sabemos por instinto: una persona que sonríe es más atractiva e inspira mayor confianza. Sonreír hace que uno se sienta más feliz, puesto que las expresiones faciales no sólo reflejan emociones, sino que son capaces de crearlas.

La sonrisa es, sin duda alguna, la expresión humana más fácilmente entendida y comprendida por todo el mundo. Hasta los bebés de pocas semanas de nacidos sonríen para expresar placer. Sin embargo, no todas las personas sonríen al mismo grado. Aquellas que sonríen poco, seguramente descubrirán que las respuestas de los demás son menos amistosas. Lo importante es que si tú eres una de esas personas, con un poco de esfuerzo consciente puedes aprender a sonreír para causar un efecto positivo en los demás. No hay mejor forma de mejorar la primera impresión que los demás se puedan formar sobre ti que sonreír.

La sonrisa es la mejor manera de empezar cualquier conversación. Una sonrisa es capaz de disipar una atmósfera pesada y hostil, ya que expresa alegría, comprensión y tranquilidad. De igual manera, cuando mueves ligeramente la cabeza de manera afirmativa y sonríes mientras escuchas a otra persona, le estás dejando saber que la estás escuchando, que estás realmente interesada en su mensaje y que estás siguiendo el hilo de la conversación.

Cuando estás haciendo una presentación de negocios, o le estás presentando un producto a uno de tus clientes, una sonrisa tuya le dice que estás sereno, que puede confiar en ti y que no te vas a enojar por nada de lo que se diga. Puedes estar seguro que es mucho más fácil hacer negocios cuando te has encargado de comunicar estas ideas anticipadamente.

No quiero que pienses que estoy exagerando la importancia y el significado de la sonrisa, pero sí me gustaría que pensaras en ella como la señal no verbal más acertada para hacer feliz a alguien. Es como un regalo que se hace, y que a todo el mundo le cae bien. Pero, ¡cuidado! Si andas todo el día con una sonrisa de oreja a oreja, las demás personas pensarán que, o estás anunciando alguna pasta dental, o que no eres una persona realmente sincera.

* * *

En los dos capítulos anteriores hemos hablado de lo que comunica tu mirada, tu postura y tus gestos. Por esta razón, quiero terminar este capítulo con una advertencia. La interpretación del lenguaje corporal no es una ciencia exacta, por tres razones:

Primero, un gesto puede ser puramente físico y no tener ninguna importancia psicológica. Estar de pie con las piernas cruzadas por ejemplo, podría indicar una actitud defensiva, pero también puede significar simplemente que la persona ha estado de pie durante mucho tiempo y trata de aliviar el peso apoyándose sobre un pie. De igual manera, el que tu interlocutor se rasque la nariz puede indicar que se siente incómodo, o simplemente lo hace porque le pica y tiene que rascarse. Así que no todo gesto esconde un mensaje alterno.

El segundo problema es que la interpretación de los gestos frecuentemente puede prestarse a ambigüedades. Quizá tocarse el rostro con frecuencia sea un signo de nerviosismo, pero nerviosismo ¿de qué? Esto sólo lo podrás descubrir en el contexto de lo que se esté comunicando.

Una tercera dificultad surge del hecho de que la mayoría de las personas no son ingenuas: o bien han leído que los gestos pueden revelar sentimientos internos o lo saben instintivamente. De tal manera que ellas pueden cambiar deliberadamente el lenguaje corporal para transmitir la impresión que desean.

La única manera de descubrir el verdadero significado del lenguaje corporal de nuestro interlocutor es prestando atención a todo el mensaje, escuchando con genuino interés y siendo siempre honestos e íntegros en la comunicación de nuestras propias ideas y sentimientos.

Plan de acción:

1. Toma un tiempo para examinar los diferentes elementos de tu expresión corporal. ¿Están ellos dando fuerza a tu mensaje o le están restando poder? ¿Tienes hábitos como parte de tu lenguaje no verbal que puedan estar enviando señales equívocas a tu interlocutor?

2. ¿Comunica tu postura seguridad y convicción? ¿Sonríes o frunces el ceño mientras escuchas? Examina todos los aspectos de tu lenguaje corporal y entiende que tú también puedes cambiar y mejorar.

Capítulo 10

Tu postura y tu apariencia personal

El opuesto de una frase correcta es una frase errónea.
Pero el opuesto de una verdad profunda
puede muy bien ser otra verdad profunda.
—Neils Bohr

La comunicación sin palabras

$\mathcal{E}$n los capítulos anteriores nos hemos concentrado en lo que comunican los gestos, postura y movimientos de tu cara y tu cabeza. En este capítulo examinaremos la manera cómo influye la postura total de tu cuerpo y tu apariencia personal en la receptividad de tu mensaje por parte de tu interlocutor.

Cuanto más tímido e introvertido seas, más consciente debes ser de lo que esté comunicando tu lenguaje corporal. ¿Qué puede estar comunicando tu postura cuando estás frente a tu interlocutor rígido como un palo, mirando al suelo mientras hablas con él? La posición que le des a tu cuerpo, o qué tan cerca o lejos te sitúes de la persona con la cual estás hablando dice mucho sobre tus intenciones.

¿Estás cruzado de brazos o apoyas las manos en las caderas mientras hablas? ¿Te inclinas hacia adelante, hacia atrás o hacia un lado? Ten presente que todo esto revelará mucho acerca de ti, de tus intereses, temores, cansancio o aburrimiento, así como de tu aceptación o rechazo de la otra persona.

Es posible que tu postura y lenguaje corporal sean tan inexpresivos que emitan mensajes contradictorios. Si tus mensajes verbales y no verbales entran en conflicto, los componentes no verbales superarán el efecto de los verbales.

El uso de las manos es uno de los aspectos más importantes de la comunicación no verbal. ¿Qué haces con las manos mientras estás hablando con alguien? ¿Te las metes en los bolsillos, las entrelazas en tu espalda, agarras el bolso, juegas con tu pelo, o les buscas un sitio y las dejas inmóviles hasta el final de la conversación? ¿Te recuestas en tu asiento mientras escuchas, o te sientas en la orilla y te inclinas hacia adelante? ¿Qué haces con las piernas y los pies?

Si le hiciéramos estas preguntas a un grupo de personas que no tiene mayores problemas para comunicar sus ideas en público, encontraríamos que cada una de ellas posiblemente tiene una norma distinta respecto al uso correcto de estos elementos de la comunicación no verbal. Las personas extrovertidas, por ejemplo, no piensan realmente cuándo, cómo o dónde utilizar los componentes no verbales mientras hablan, sino que lo hacen de modo natural y espontáneo.

Ellas saben cómo comportarse, no porque se les haya instruido formalmente en estos aspectos, sino porque han vivido una amplia variedad de experiencias sociales en las cuales han tenido la oportunidad de ver actuar a otras personas de diferentes maneras, y a partir de esta observación han adoptado las normas que consideran más adecuadas.

De la misma manera que el líder aprende a dirigir dirigiendo, el gran comunicador aprende a comunicarse con poder, entusiasmo y efectividad, colocándose con frecuencia en medio de situaciones que le exijan que se comunique, observando a otras personas y desarrollando poco a poco las cualidades que caracterizan a los comunicadores altamente efectivos.

Presta atención al lenguaje corporal de aquellas personas que consideres excelentes comunicadores. ¿Cómo se paran cuando hablan? ¿Qué hacen con sus manos? ¿Mantienen ellos sus brazos cruzados o, por el contrario, asumen una postura abierta? Examina qué elementos de su lenguaje visual los hace comunicadores efectivos y determina cuáles de ellos hacen parte de tu propio repertorio. Haz un esfuerzo por incluir estos movimientos y lenguaje corporal en tu estilo personal de comunicación. Recuerda que la gran mayoría de estos elementos pueden ser aprendidos. En principio, es posible que debas hacerlo de manera exagerada hasta que lleguen a ser parte de tu estilo natural de comunicarte.

La primera impresión es la que cuenta

Hay un adagio popular que dice que la primera impresión es la que cuenta. Ciertamente, nunca recibiremos una segunda oportunidad para lograr una primera buena impresión. La impresión que transmites en los primeros dos segundos es tan fuerte, que toma aproximadamente cuatro minutos más para agregar un 50% más a esa primera impresión. Y ¿sabes qué? esos dos primeros segundos son casi exclusivamente visuales, porque en dos segundos no has tenido la oportunidad ni de abrir la boca.

Los entrevistadores de personal que busca trabajo, suelen decidir a qué aspirante contratarán durante los cuatro primeros minutos de sus entrevistas, aunque tales encuentros tengan una duración de media hora o más. En el 80% de los casos la decisión se toma incluso antes de que el aspirante haya dicho una sola palabra. En muchos casos, el entrevistador ni siquiera ha examinado el expediente del aspirante y no posee una verdadera información sobre las capacidades de la persona. La decisión la ha tomado basándose en su aspecto y apariencia física.

Todos y cada uno de nosotros constantemente evaluamos mentalmente a aquellas personas con quienes entramos en contacto. Uno de los parámetros que comúnmente utilizamos para llevar a cabo esta evaluación tiene que ver con la postura de la otra persona: cómo luce, cómo se para, cómo se viste, cómo es su apariencia personal. Eso quiere decir que en esos primeros segundos de comunicación, inclusive antes de decir la primera palabra, si tu apariencia ha dado una mala impresión, va a tomar un largo tiempo modificar la imagen que proyectaste.

Tus movimientos también juegan un papel importante en la manera como tu interlocutor percibe tu mensaje. Movernos nerviosamente de un lado a otro mientras hablamos, distrae y crea ansiedad en nuestro interlocutor y no nos permite lograr un contacto visual apropiado.

Un problema de postura muy común es pararnos colocando todo el peso de nuestro cuerpo en una pierna. De acuerdo con los expertos en expresión corporal, esta postura dice: "yo no quiero estar aquí" y esto, como es de esperar, te distancia de los demás. Otras personas son estáticas y se anclan a un solo lugar mientras hablan, lo cual también debilita su mensaje y le resta dinamismo.

Examina constantemente tu postura, porque es común que nuestro cuerpo tienda a relajarse más de lo debido, y a veces en una situación donde debes proyectar seguridad, te puedes encontrar, sin quererlo, con los hombros caídos y una postura débil. Ten presente en todo momento que las personas sacan muchas conclusiones acertadas o erradas acerca de tu actitud, tu confianza o tu preparación basadas exclusivamente en tu postura. Muchas personas, infortunadamente transmiten con su postura un mensaje equivocado y negativo a pesar de que internamente puedan sentirse confiadas y seguras.

Tu manera de vestir es igualmente importante. Hay un adagio que dice que entre gustos no hay disgustos, pero muchos de nosotros no prestamos suficiente atención a la manera en que nos vestimos. Antes de salir de tu casa, toma un minuto para mirarte al espejo. Entiende que la persona que estás viendo al otro lado del cristal es la misma que los demás van a ver. Pregúntate, ¿si un 55% de la credibilidad que las demás personas tendrán hoy en lo que yo diga depende de la imagen que proyecte; me está ayudando mi apariencia personal y mi manera de vestir, o está enviando el mensaje equivocado?

Hace algunos años estaba buscando un contador para que trabajara en mi empresa. Cuando entrevisté al primer candidato, bastaron sólo diez segundos para llegar a la conclusión de que sus conocimientos eran obsoletos y sus ideas demasiado anticuadas. Sin embargo, después que salió de la oficina, me di cuenta que la única razón por la cual pensé que sus conocimientos eran anticuados fue por su vestuario anticuado. A nivel inconsciente, le tomó sólo unos segundos mi cerebro primario llegar a la conclusión de que si su manera de vestir era anticuada pues sus ideas seguramente serían igualmente anticuadas. Bastó eso para poner una barrera entre él y yo.

¿Es justo esto? ¿Qué crees tú? ¿Es justo este juicio apresurado? Por supuesto que no. Pero ¿sabes qué? Justo o no, esa es la manera en que opera nuestro cerebro primario y el de todo el mundo. Por eso, cuida tu postura, cuida tu apariencia personal y tu manera de vestir.

Tu postura y el espacio personal de los demás

¿Te has puesto a pensar qué está comunicando tu postura cuando estás hablando, ya sea que estés sentado o te encuentres de pie? En general, tanto las personas agresivas como las seguras adoptan posturas abiertas, expansivas y cómodas, mientras que las personas sumisas e inseguras se cierran sobre sí mismas y adoptan posturas incómodas que las empequeñecen.

A menudo, cuando dos personas hablan, se acomodan en posturas idénticas. Sin darse cuenta, se apoyan sobre su escritorio o se sientan en una silla adoptando la misma postura, de manera que su postura es un reflejo de la del otro. De ese modo revelan y confirman la empatía mutua. Este tipo de imitación suele producirse de modo natural e inconsciente, pero tú puedes hacer uso consciente de ello. Si, por ejemplo, tienes una reunión importante con una persona a quien quieres presentarle tu negocio o producto, puedes imitar su postura de manera que puedas crear empatía con ella.

Obviamente, el objetivo es que este proceso suceda de la manera más natural posible. Ten presente que el objetivo de esto es crear confianza. Si tratas de imitar a una persona que tenga un estilo comunicativo dominante, es muy probable que tu imitación lo incite a mostrarse más autoritario. De hecho, si ésta es demasiado evidente, puede terminar por hacerte lucir como una persona poco sincera. Más adelante, en el capítulo referente a la programación neurolingüística, veremos ciertas técnicas que puedes utilizar para lograr este tipo de empatía con tu interlocutor de una manera sencilla y efectiva.

Otro aspecto importante tiene que ver con la distancia que te separa de tu interlocutor. La gran mayoría de las personas seguramente se sentirán incómodas si te sitúas demasiado cerca a ellas al momento de hablarles. De acuerdo con algunos científicos, esto sucede porque el espacio que una persona permite entre sí misma y otros, representa un equilibrio entre el calor que se siente por los demás y la amenaza potencial que ellos puedan representar.

¿Qué piensas de la siguiente situación? Imagínate que estás sentado a solas en una gran sala de espera. Entra otra persona, quien ignorando todas las sillas desocupadas, se sienta a tu lado y se queda mirando fijamente al vacío, en silencio. Seguramente dicho comportamiento te hará sentir algo incómodo. No obstante, mientras no te moleste, no tienes ningún motivo para quejarte, ya que ella puede sentarse donde quiera.

La verdadera razón por la cual te sientes incómodo es porque esa persona ha ignorado el convencionalismo de que todos necesitamos una cierta distancia mínima entre nosotros y los demás. Todos hemos llegado a aceptar que el espacio que se encuentra a 50 cm. a nuestro alrededor es un espacio íntimo, reservado para nuestra pareja, los niños y los miembros de la familia.

Entre los 50 cm. y 1m. de distancia hay una zona personal donde tienen lugar las conversaciones con amigos y conocidos. Sin embargo, las conversaciones más formales, presentaciones de negocios, o interacciones con desconocidos, se producen dentro de la zona social, que se encuentra entre 1 y 3 m. de distancia.

De hecho, si sientes que alguien se acerca demasiado e invade tu espacio personal, seguramente tendrás la tendencia a retroceder para mantener la distancia. De la misma manera, cuando alguien invada nuestro espacio íntimo, evitaremos el contacto visual con dicha persona y la trataremos como si no existiera para mostrar nuestra desaprobación.

Si mientras hablas con otra persona notas que ésta retrocede un paso cuando empiezas a hablar, eso quizá indique que te has acercado demasiado y estás siendo agresivo. La solución es retroceder un poco.

Sin embargo, ten presente que si siempre retrocedes ante los demás, te arriesgas a dar una impresión de hostilidad y frialdad. Si deseas crear calidez y confianza en tu comunicación con los demás, debes estar preparado para permitirles entrar en tu espacio personal y actuar con respeto al momento de querer entrar al suyo.

Plan de acción:

1. Identifica algunas características actuales de tu postura y apariencia personal. ¿Qué puedes cambiar o corregir y cuáles estrategias elegirías para hacerlo?

2. Analiza por qué algunas personas con las que debes tener contacto permanente no te caen bien. ¿Cuál es la causa de esta apatía? ¿Qué no la cae bien a otros acerca de tu propia postura y qué puedes hacer para cambiar esta situación?

CAPÍTULO 11
El arte de escuchar activamente

Cuando creíamos que teníamos todas las respuestas,
de pronto, cambiaron todas las preguntas.
—Mario Benedetti

$\mathcal{D}$e las diez habilidades indicadas en el estudio realizado por la Universidad de Brigham Young (mencionado en el capítulo dos), sobre aquello que los gerentes consideraban importante en el desarrollo de sus trabajos, seis de éstas están directamente relacionadas con nuestra habilidad para escuchar.

No hay la menor duda de que si la boca está abierta y la lengua no está quieta, los oídos están cerrados. Una investigación reciente dirigida por una importante organización de ventas demostró que cuatro de cada cinco quejas de los clientes se podían atribuir directamente a la falta de habilidad para escuchar eficazmente por parte de vendedores y gerentes.

En su afán por convertirse en buenos comunicadores, muchas personas prestan atención a su manera de hablar, pero olvidan que para que exista la comunicación alguien debe estar escuchando. Y en la mayoría de los casos ese alguien debemos ser nosotros mismos. Te puedo asegurar que saber escuchar hará mucho más por convertirte en un gran comunicador que algunas otras de las cosas que seguramente crees más importantes. En ocasiones serás el mejor comunicador del mundo, sólo por saber escuchar.

Saber escuchar es una de las artes más importantes de la comunicación y, tristemente, una de las que menos se practica. ¿Sabías tú que fuera de respirar, la actividad en la cual el ser humano emplea una mayor cantidad de su tiempo es en escuchar? ¡Sí! Lo curioso e inexplicable es que recibamos mayor entrenamiento sobre cómo escribir —una actividad que realizamos sólo un 9% del tiempo— mientras que en la actividad en la cual empleamos 45% de nuestro día, que es escuchar, raramente recibimos algún entrenamiento.

Escuchar es una habilidad y, por lo tanto, puede ser mejorada. Al optimizar nuestra habilidad de escuchar mejorará también nuestra efectividad, nuestras relaciones con los demás, nuestra productividad en el trabajo, en los estudios y en muchos otros aspectos de nuestra vida.

En las relaciones de pareja, por ejemplo, se ha encontrado que una de las mayores quejas por parte de los esposos o esposas es que, según ellos, la otra persona no escucha. También es muy común escuchar entre adolescentes cosas como "en casa no me entienden" o "mis padres nunca escuchan lo que yo tengo que decir" o "a nadie le interesa mi opinión" Todos estos son gritos desesperados de personas que desean ser escuchadas.

Escuchar es igualmente importante en la empresa a pesar de que se ha encontrado que el ejecutivo promedio escucha con una efectividad de tan solo un 25%. Imagínate tratando de triunfar profesionalmente con un porcentaje tan bajo de efectividad.

Muchas de las personas que se quejan de su mala memoria, creen que la causa está en una deficiencia física o en una incapacidad mental. Pero en la gran mayoría de los casos el origen de una mala memoria radica en nuestra pobre capacidad para escuchar. Escuchar con efectividad es un comportamiento aprendido. Nadie ha nacido con esta habilidad. Todos la hemos aprendido; bien o mal, pero la hemos aprendido y podemos continuar perfeccionándola. Todos podemos aprender unas simples reglas que de ser aplicadas podrán doblar nuestra efectividad al escuchar.

Jugando al teléfono descompuesto

Recuerdo que de niño solía jugar al "teléfono descompuesto". Un grupo de ocho o diez niños nos sentábamos en el suelo formando un círculo. El objetivo era que uno de nosotros decía un secreto al oído del niño que se encontraba al lado. No se podían hacer preguntas, ni repetir lo que se había dicho. El niño simplemente se limitaba a escuchar y posteriormente pasaba en voz baja el secreto al siguiente, y así sucesivamente hasta que llegaba al lugar de donde había partido el secreto. Lo gracioso del juego era que en un 100% de las veces, el mensaje que llegaba era totalmente distinto al que había salido. Entre más diferente fuera, más divertido era el juego. En muchas empresas, la comunicación es tan pobre que es como si estuviesen jugando al teléfono descompuesto. El problema es que en este caso, el juego termina costando tiempo, esfuerzo y dinero.

He aquí un ejemplo que comúnmente comparto cuando estoy tratando el tema de la pobre comunicación, y el punto al cual se pueden distorsionar las ideas como resultado de la falta de atención:

El coronel pasó el siguiente comunicado al oficial de turno:

Mañana en la noche a las 18:00 horas, el cometa Halley estará visible en esta área; un acontecimiento que sólo ocurre cada 75 años. Pida que todos los hombres salgan al patio del batallón en sus uniformes camuflados y yo les explicaré este raro fenómeno. En caso de lluvia no se podrá ver nada, así que lleve a los hombres al teatro donde yo les mostraré una película sobre este evento.

El oficial de turno al comandante de la compañía:

Por orden del coronel, mañana a las 18:00 horas, el cometa Halley aparecerá sobre el patio del batallón. Si llueve pida a los hombres que marchen camuflados al teatro, donde este extraño fenómeno tendrá lugar, algo que sólo sucede cada 75 años.

El comandante de la compañía al teniente:

Por orden del coronel en camuflados, mañana en la noche a las 18:00 horas el fenomenal cometa Halley se presentará en el teatro. En caso de que llueva en el patio del batallón, el coronel dará otra orden, algo que sólo sucede cada 75 años.

El teniente al sargento:

Mañana, a las 18:00 horas, el coronel aparecerá en el teatro con el cometa Halley, algo que sólo sucede cada 75 años. Si llueve, el coronel ordenará que el cometa salga al patio del batallón.

El sargento a la compañía de soldados:

Cuando llueva mañana a las 18:00 horas, el fenomenal general Halley, quien cuenta con 75 años de edad, acompañado por el coronel conducirá su cometa a través del patio del batallón.

* * *

En mi trabajo con fuerzas de ventas, equipos de trabajo y organizaciones en general, descubro que muchas de ellas se encuentran jugando al juego del teléfono descompuesto. Así de ineficiente es su comunicación.

De hecho, la Universidad de Minnesota dirigió una investigación para encontrar la causa de los errores más comunes cometidos por diversas empresas, que eran habitualmente atribuidos a los malos entendidos. Ellos encontraron que el 59% de estos errores eran el resultado directo de escuchar deficientemente, mientras que sólo un 1% era el resultado de faltas relacionadas con la comunicación escrita.

El doctor Robert Montgomery, comunicador internacional y experto en el arte de saber escuchar, ha identificado ciertas características comunes en las personas que no saben escuchar.

El no saber escuchar se manifiesta en diversos comportamientos que obstruyen la comunicación efectiva.

Lo que quiero hacer en lo que resta de este capítulo y en el siguiente es describir algunas de estas conductas para que las reconozcas y las corrijas. Hacerlo no siempre es tarea fácil, pero si eres consciente de ellas, lograrás aprender este gran arte, pieza vital para llegar a ser un gran comunicador.

El pecado más grande: no prestar atención

Los mejores comunicadores escuchan con empatía. El diccionario define la palabra "escuchar" como: prestar atención, oir. Pero escuchar es mucho más que eso. Según el doctor Montgomery, escuchar es lograr colocarte en la situación de la otra persona y ver las cosas desde su punto de vista; algo que no suele suceder muy a menudo. La mayoría de nosotros no nos concentramos en el punto de vista de la otra persona, y por esta razón, nunca llegamos a entenderlas totalmente. Estamos tan interesados en nuestras propias ideas y puntos de vista, que ni siquiera oímos lo que se está diciendo.

Otra causa de la falta de atención es que solemos caer víctimas de todo tipo de distracciones internas o externas que no nos permiten escuchar atentamente. Evitar las distracciones físicas y mentales requiere disciplina pero puede lograrse.

Debemos prestar atención y evaluar todos los aspectos de lo que se está diciendo y de qué manera se está diciendo. Esta evaluación nos proporcionará el verdadero significado del mensaje que se está transmitiendo y nos permitirá formarnos una opinión educada al respecto.

Como ya lo hemos visto, muchas veces el mensaje hablado puede expresar una idea, y la expresión corporal, otra. Si no estamos prestando atención, se nos puede escapar la parte más importante y significativa de lo que se está comunicando.

Es importante saber interpretar el significado del lenguaje corporal para evitar llegar a una conclusión incorrecta. Prestar atención no es tratar de encontrar significado en el más intrascendente de los gestos y movimientos. Hay quienes están tan preocupados por no perder ningún detalle del lenguaje corporal y los gestos de la otra persona, que no escuchan lo que está diciendo. Entonces, escucha y presta atención a lo que tu interlocutor está diciendo, pero presta igual atención a los demás aspectos de su mensaje, en especial, al énfasis que pone en sus palabras.

Algunas investigaciones indican que el empresario promedio emplea aproximadamente el 30% del día escuchando a otras personas. ¿Por qué es tan importante prestar atención? Un oyente ineficaz puede olvidar hasta un 25% de la conversación en menos de tres o cuatro horas, y hasta un 75% de lo que ha oído en veinticuatro horas. Es más, si le preguntas en el mismo momento sobre lo que acaba de escuchar, solamente será capaz de recordar y repetir la mitad de lo que ha escuchado. El gran peligro es que como consecuencia de esto, muchos empresarios toman decisiones basados en una pequeña fracción de la información. Todo, debido a la falta de atención.

Una misma oración, cinco ideas distintas

El significado de una oración cambia totalmente, dependiendo del énfasis que pongamos en cada una de las palabras. El énfasis es muy importante porque refleja el nivel emocional de la persona respecto a lo que está diciendo. Por ejemplo, la siguiente oración puede tener cinco significados distintos, dependiendo de la palabra en la cual se haga énfasis. Lee la oración en voz alta y haz énfasis en la palabra que se encuentra en mayúsculas para que puedas escuchar la gran diferencia entre la una y la otra.

Yo puedo decir: "**YO** nunca dije que él se hubiese robado el dinero" y eso quiere decir una cosa.

Pero otra cosa muy distinta es decir: "Yo nunca **DIJE** que él se hubiese robado el dinero" En otras palabras, yo pude haberlo pensado, yo lo sospechaba, pero nunca lo dije.

También puedo decir: "Yo nunca dije que **ÉL** se hubiese robado el dinero", lo cual cambia totalmente el significado de la oración a pesar de que las palabras y el orden en que se encuentran es el mismo. ¿Si ven?

Ahora, si yo digo: "Yo nunca dije que él se hubiese **ROBADO** el dinero", pues ahora estoy dando a entender que lo que yo dije es que a lo mejor él lo había tomado prestado, o había olvidado ponerlo de vuelta, pero el hecho era que el dinero no estaba.

Finalmente, si cambio una vez más la palabra en la cual hago énfasis y digo: "Yo nunca dije que él se hubiese robado **EL DINERO**", ahora lo que estoy insinuando es que yo dije que él a lo mejor se había robado otras cosas, pero del dinero nunca hablé.

¿Ven como el cambiarle el énfasis a una sola palabra puede cambiar totalmente el significado de lo dicho? ¿Pero qué tiene que ver esto con lo que venimos hablando? Si no estamos prestando atención es posible que algo tan pequeño, pero tan significativo como el énfasis en una sola palabra, se nos escape y con ello, se nos escape el verdadero significado del mensaje. Esto puede producir confusión, malos entendidos y, por supuesto, mala comunicación.

El peligro de apresurarte a sacar conclusiones

Generalmente, las personas que caen en el mal hábito de apresurarse a sacar conclusiones lo hacen porque están más interesadas en lo que van a decir cuando sea su turno, que en lo que su interlocutor está diciendo. Asegúrate de no estar pensando en lo que vas a responder mientras otros hablan. El secreto para establecer una comunicación efectiva es estar genuinamente interesado en lo que se esté diciendo.

Algunas personas llegan al colmo de interrumpir a quien está hablando y tratar de terminar la idea, lo cual nunca puede tener resultados positivos. Por un lado, corren el riesgo de sacar la conclusión errada, o si es la conclusión correcta, la otra persona puede sentir que le robaron su idea y le quitaron el crédito por la misma, lo cual crea resentimiento en ella. Así que evita esto a toda costa.

Esto no quiere decir que no puedas ir formándote una idea de hacia dónde va la conversación. Porque si tu conclusión resulta ser la verdadera, esto quiere decir que estabas en lo cierto. Si no es la correcta, ahora tendrás otro punto de vista y podrás establecer comparaciones entre los dos.

Plan de acción:

1. Durante las próximas semanas quiero que realices una evaluación consciente del nivel de atención que prestas a otras personas cuando ellas están hablando.

2. Examina si utilizas un lenguaje no verbal apropiado para dejarle saber a tu interlocutor que estás escuchado con atención. Determina si tienes la tendencia de distraerte con demasiada facilidad.

CAPÍTULO 12

Cuatro maneras seguras de perder a tu oyente

Es posible conseguir algo
luego de tres horas de discusión,
pero es seguro conseguirlo
con apenas tres palabras
impregnadas de afecto.
—Confucio

Interrumpir: la peor ofensa

$\mathcal{L}$a próxima vez que estés conversando con alguien quiero que veas lo común que es el mal hábito de interrumpir. Si la conversación es entre tres o más personas, en un par de minutos aquello parecerá un circo y la conversación habrá perdido totalmente su rumbo. Es difícil creer que alguien recuerde algo de lo que se dijo, cuando nadie fue capaz de terminar ninguna idea.

En algunas reuniones sociales las interrupciones son toleradas, si no aceptadas, como parte de la dinámica de la conversación. Generalmente, esto ocurre en cierto tipo de reuniones sociales donde no es demasiado importante recordar y entender a cabalidad las ideas presentadas.

El problema es que una vez que adquirimos la costumbre de interrumpir a los demás en estas charlas casuales, tendemos a hacerlo también en el hogar y el trabajo, y en conversaciones de mayor trascendencia, donde las consecuencias de este mal hábito pueden ser mucho más graves. Recuerdo específicamente el caso de un vicepresidente comercial de una empresa de telecomunicaciones que me comentaba que le había tocado despedir a uno de sus representantes de ventas porque sus clientes se quejaban de que nunca los dejaba hablar.

La lección es sencilla: ¡No interrumpas! Interrumpir es exactamente lo mismo que tomar tu mano, ponerla sobre la boca de tu interlocutor y comenzar a hablar. Imagínate haciendo esto con tu esposa, tu jefe o tus clientes. Absurdo, ¿no es cierto? Sin embargo, las dos situaciones, taparle la boca o interrumpir a alguien, dicen exactamente lo mismo de ti y crean exactamente los mismos sentimientos en tu interlocutor, resentimiento, enojo y rechazo.

Por supuesto, si le tapas la boca a la otra persona, es posible que recibas inmediatamente una respuesta física que no dejará dudas sobre la manera como ella se siente ante este agravio.

Si la interrumpes, es posible que la persona no responda físicamente, pero el sentimiento interno, la semilla de ese agravio quedará ahí dentro, y si continuas haciéndolo con frecuencia, muy pronto recibirás tu respuesta. Tenlo por seguro. Es ahí cuando encuentras esposos o esposas que dicen: "¡ya no más! Me voy porque estoy cansado o cansada de que nunca me escuches".

Hay pocas cosas tan frustrantes y ofensivas para una persona como ser abruptamente interrumpida cuando está hablando. A todos nos disgustan las personas que interrumpen. Se vuelven poco populares, pierden sus amigos y lo peor de todo, terminan por ser ignoradas y no ser escuchadas. Como dice el viejo refrán: "Con la vara que mides, serás medido".

El problema es que todos tenemos la tendencia a interrumpir. Lo hacemos cuando una idea se nos ha venido a la mente, o cuando las palabras de quien habla nos recuerdan algo y sentimos la urgencia de compartirlo con él o ella antes que se nos olvide.

Aprende a hablar cuando sea tu turno. Muérdete la lengua si es necesario, pero no interrumpas. El único momento en que una interrupción se puede justificar es cuando necesitas una aclaración inmediata sobre algo que la otra persona haya dicho, que posiblemente no salga a flote más adelante. Por ejemplo, el precio de algo, una fecha, cifra o dato estadístico. También es aceptable interrumpir para asegurarte que has entendido correctamente el nombre de una persona.

Inclusive en estos casos, debes tratar de suavizar la interrupción diciendo algo como: "Disculpe que le interrumpa, ¿cómo deletrea el nombre que acaba de mencionar?", o "Perdón, ¿podría repetir esa fecha, por favor?"

Ahora, si interrumpir es ofensivo, interrumpir y cambiar el tema es desafiante, es un insulto a la persona con quien estás hablando. Algunas personas hacen esto tan frecuentemente que los demás tratan de evitarlos a toda costa para no convertirse en sus próximas víctimas.

Cambiar el tema puede eliminar cualquier opción de mantener la comunicación viva. Si involucrar a los demás en la conversación es una excelente manera de llegar a su cerebro primario y lograr que abran sus mentes a nuestras ideas, cambiar el hilo de la conversación es una manera segura de conseguir todo lo contrario.

Cuando tu mirada está ausente, tu mente está ausente

Como ya lo he mencionado en varias ocasiones, la mente de tus oyentes está más preocupada por los mensajes visuales que por lo que estés hablando. Si evitas mirarle, su cerebro seguramente concluirá que algo debes estar ocultando y que no es prudente confiar un 100% en lo que estás diciendo.

Adquiere el hábito de mirar a la persona que te está hablando, o a quien te estás dirigiendo. Mantener el contacto visual con tu interlocutor demuestra un interés dinámico en lo que está diciendo.

No mires al piso, no mires hacia arriba o hacia los lados ¡mira a la persona! Y nunca, nunca cometas el peor de los insultos que es mirar por encima del hombro de la otra persona. Porque una cosa es mirar arriba, abajo o a los lado, pero mirar sobre el hombro es, literalmente, decirle a la persona: "quítese del frente que me está estorbando la visión." Así que la próxima vez que estés sentado en un restaurante y tu pareja se encuentra frente a ti, hablando, y tú estás mirando sobre su hombro, eso es exactamente lo que estás diciendo.

Aprende a mantener tu mirada en tu interlocutor. No voltees a mirar o a seguir cualquier distracción que se presente a tu alrededor. Escucha con interés y empatía y, sobre todo, escucha tanto con tus ojos como con tus oídos.

Entre la lista de razones principales por las cuales se echan a perder entrevistas de trabajo, o presentaciones a clientes, se encuentra la incapacidad de mantener un contacto visual que inspire confianza, seguridad y cree armonía con el interlocutor.

El contacto visual no sólo te permitirá evaluar las expresiones y gestos de la otra persona, sino que le demostrará tu nivel de interés. Como regla general, recuerda que cuando la mirada está en otro lugar, la mente también. ¿Quieres dejarle saber a tu interlocutor que estás con él? Mírale mientras le escuchas o le hablas.

¿Hay alguien ahí? Cuando no respondes a lo que estás escuchando

Pocas cosas son tan frustrantes como estar hablándole a alguien que no da señales de estar escuchando. Algunas personas, ni siquiera dan señales de vida. Seguramente habrás escuchado la expresión: "Hablar con esa persona es como estar hablándole a la pared" ¿Quieres ser un buen escucha? ¡Responde! Sé un oyente activo, tanto con tu postura como con tus comentarios.

Déjale saber a quien habla tu interés por lo que está diciendo. Haz preguntas. Preguntar no sólo aclara las opiniones expresadas y nos permite ver las cosas desde el punto de vista de nuestro interlocutor, sino que mantiene la conversación dinámica y el ambiente abierto a un mejor intercambio de ideas. No obstante, ten cuidado que no se convierta en un interrogatorio.

En muchos tipos de conversaciones profesionales o de negocios es difícil "romper el hielo" e iniciar la conversación. Muchas personas, particularmente si no las conocemos muy bien, son reacias a dar cualquier clase de información acerca de ellas mismas. Una buena manera de lograr que se abran hacia nosotros es dar cierta información sobre nosotros mismos primero, y entonces si, preguntar algo acerca de ellos.

Un enemigo llamado impaciencia

¿Alguna vez te has encontrado en la incómoda posición de estar hablando con alguien que está constantemente mirando su reloj, o quien, es obvio que mentalmente se encuentra en otro lado? Esto no sólo es muestra de imprudencia para con los demás, sino que denota falta de interés en lo que se está diciendo. El caso extremo es el de la persona que con palabras, gestos o expresiones corporales, apura a quien tiene la palabra.

Algunas personas pueden argüir que en ocasiones en que tenemos prisa, no podemos ser demasiado pacientes. Sin embargo, una mejor opción es que, si no vamos a tener tiempo suficiente para escuchar a cierta persona, dejémosle saber que contamos sólo con unos minutos o aplacemos la conversación o la reunión para otra oportunidad cuando podamos tener mas tiempo disponible.

Ten siempre presente la siguiente frase: "Se pueden ganar más amigos en dos meses mostrando interés en los demás, que los que pueden ganar en dos años tratando que los demás muestren interés en nosotros."

Las personas impacientes también tienden a dejar que sus emociones los controlen mientras hablan. Debemos entender que cuando tratamos ciertos temas como la política, la religión o los valores personales, vamos a encontrar opiniones e ideas contrarias a las nuestras. Un gran comunicador aprende a tener en cuenta las emociones, opiniones y valores de los demás y a mantener una perspectiva clara de lo verdaderamente importante.

Por ejemplo, si mi esposa y yo diferimos en nuestras apreciaciones políticas, yo no voy a permitir que estas diferencias se interpongan en nuestra relación de pareja. Así que en una discusión sobre este tema mantendré mis emociones bajo control. Defenderé mi posición, pero mantendré siempre presente que más importante que mi punto de vista político es nuestra relación de pareja. Si quieres tener buenas relaciones con los demás, te aconsejo que aprendas a hacer lo mismo. El interés en los demás, el tacto, la empatía y la diplomacia logran más que una acalorada polémica.

Plan de acción:

1. En este capítulo hemos visto cuatro hábitos responsables por una pobre comunicación. Si quieres saber cuáles posees, aquí va una de las tareas más difíciles. Pídele a un par de personas cercanas a ti que te evalúen en cada uno de ellos. Te sugiero que una de ellas sea tu pareja, uno de tus hijos, un buen compañero de trabajo, o un amigo.

2. Durante esta semana quiero que prestes especial atención a tu habilidad para escuchar proactivamente. Pregúntale a aquellas personas con quienes te comunicas comúnmente si eres una persona con quien es fácil hablar. Si descubres que debes cambiar algo, pues manos a la obra.

Capítulo 13

La programación neurolingüística

Para comunicar con eficacia
hay que comprender que todos somos diferentes
en cuanto a nuestro modo de percibir el mundo,
y utilizar esa comprensión como guía
en nuestra comunicación con los demás.
—Anthony Robbins

$\mathcal{R}$ichard Bandler y John Grinder, los descubridores de la programación neurolingüística o PNL, encontraron que existen tres modos o mapas mentales mediante los cuales las personas perciben e interpretan el mundo que los rodea: El modo o mapa Visual, el Auditivo, y el Kinestésico. Ellos descubrieron que las personas visuales, ven el mundo, las auditivas lo oyen, y las kinestésicas lo sienten.

En los últimos años ha habido una explosión en la producción de libros acerca de los diferentes usos y utilidades de las ideas expuestas en el campo de la programación neurolingüística. Aunque algunas de estas obras llegan incluso a otorgarle toda clase de poderes sobrenaturales, lo cierto es que el mismo nombre explica lo que en realidad es esta ciencia y nos ayuda a separar el mito de la realidad: La palabra "programación", tomada del campo de la informática, sugiere que nuestros pensamientos, hábitos y emociones programan el disco duro de nuestra mente subconsciente.

El término "neuro" en neurolingüística, se refiere a nuestro sistema nervioso, circuitos mentales y cinco sentidos. En conjunto, ellos conforman el ensamblaje a través del cual ocurre dicha programación.

El término "lingüística", hace referencia a tres ideas específicas. Primero, a nuestra habilidad para utilizar el lenguaje, las palabras y el diálogo interno para programar y reprogramar nuestra mente. Segundo, indica que las palabras y frases específicas que utilizan otras personas, reflejan sus mapas mentales. Finalmente, enfatiza la importancia de reconocer el lenguaje silencioso de las posturas, los gestos y la expresión corporal, y como este lenguaje visual revela nuestro modo de pensar y nuestras creencias.

Todos utilizamos uno de estos mapas o sistemas mentales descritos por la PNL como medio para organizar e interpretar los diferentes estímulos que recibimos del mundo exterior. Aunque seguramente todos utilizamos los tres sistemas, generalmente favorecemos uno de ellos sobre los demás.

Las personas visuales ven el mundo que los rodea

La persona visual prefiere ver las cosas. Cuando le describes algo, ella trata de visualizar lo que estés describiendo. En general, ella piensa, formando imágenes en su mente.

¿Cómo nos puede ayudar este conocimiento a convertirnos en grandes comunicadores? Si sabemos cuál es el mapa mental que prefiere utilizar determinada persona para interpretar el mundo exterior, tendremos una herramienta muy útil para saber la mejor manera de comunicarnos con ella.

Imagínate poseer la habilidad de descubrir cuál es el sistema de pensamiento preferido por nuestro oyente, y poder hablarle en su lenguaje preferido. ¿Crees que esto haría una diferencia en tu capacidad de ser más persuasivo o te ayudaría a ser un mejor negociador? ¡Claro que sí! Esta puede ser la diferencia entre una carrera productiva, llena de logros y satisfacciones, o una llena de tropiezos y desencantos.

Recuerdo que un representante de ventas me comentaba que en cierta ocasión había gastado horas enteras hablándole a su cliente de un nuevo producto que iba a llegar muy pronto a su almacén. Se aseguró de mencionarle todos los beneficios del producto y los increíbles resultados experimentados por otros clientes. No obstante, no logró que él mostrara el más mínimo entusiasmo.

Estaba a punto de renunciar a la idea de venderle algo, hasta que por casualidad encontró en el fondo de su maletín una hoja que mostraba una fotografía del producto. No era la mejor foto y la hoja estaba un poco arrugada, pero para sorpresa suya, esta imagen logró en pocos segundos lo que él había sido incapaz de hacer en una hora. Obviamente, este cliente era una persona visual, mientras que nuestro novato vendedor había estado utilizando un esquema puramente auditivo durante su presentación.

De acuerdo con Richard Bandler, aproximadamente un 35% de las personas son visuales. Ellas comprenden algo mucho mejor si pueden verlo.

¿Cómo descubrir si tu interlocutor piensa visualmente? Si discutes una idea en términos visuales, con palabras pintorescas y descriptivas, ellas seguramente sonreirán y les brillarán los ojos como muestra de que están comprendiendo y captando perfectamente todo lo que estás diciendo.

Las palabras que las personas visuales utilizan te pueden dar la primera clave para reconocerlas. Utilizan expresiones como: «Me encantaría que me mostraras el producto», «esa me parece una idea brillante», «ya lo puedo visualizar», o «ya tengo una idea clara de lo que me quieres decir». Los términos mostrar, brillante, claro, y visualizar, se refieren al sentido de la vista, que es el que ellos favorecen.

¿Cuál es la manera más efectiva de hablarle a las personas visuales? Cuando ellas oyen expresiones como "le voy a mostrar", "quiero que visualice", "mírelo desde esta perspectiva", o cuando utilizas palabras visuales como brillante, imagen, luz o visión, pues ellos te comprenderán más rápidamente, porque no necesitan tomarse tiempo extra para traducir en imágenes lo que les estás comunicando. En otras palabras, tú estarás, literalmente, hablando su lenguaje. De esta manera estarás comunicándote con ellas en su modo preferido. Ganarás tiempo, llegarás más fácil a su cerebro primario y podrás así crear una atmósfera más favorable para la comunicación y el intercambio de ideas.

Además de utilizar palabras visuales, será mucho más fácil comunicar tus ideas a las personas visuales si tienes a mano folletos, gráficos e imágenes cuando les estés presentando una idea específica. Cualquier concepto será comprendido con mayor rapidez si puedes mostrar un cuadro o un folleto al tiempo que hablas. No olvides utilizar las manos cuando hablas con los visuales, dibuja imágenes en el aire, tan increíble como pueda sonar, ellas las podrán ver sin ningún problema.

Obviamente, en una situación real es posible que estés más preocupado acerca de como presentarte a ti mismo, que en tratar de adivinar que clase de mapa mental está utilizando tu interlocutor. Sin embargo, si prestas atención, en poco tiempo aprenderás a identificar el mapa mental de tus interlocutores.

Las personas auditivas escuchan al mundo que las rodea

La persona auditiva oye lo que sucede a su alrededor y diseña sus respuestas basándose en aquello que escucha, más que en aquello que ve. Las personas cuyo mapa mental es fundamentalmente auditivo constituyen aproximadamente el 25% de la población.

Los auditivos prestan mucha atención a la manera como los demás dicen las cosas. Ellos obtienen mucha más información de la manera como digas algo, del tono de tu voz, o tu entonación, que de lo que estés diciendo. Suelen utilizar expresiones como: «No emplee ese tono de voz conmigo, por favor», «hasta el momento todo lo que he escuchado es estática y ruido, pero nada de sustancia», «eso me suena bastante bien», «creo que por fin me ha sonado la campana», «cuéntame algo más al respecto», o «me gustaría escuchar la opinión de otras personas». Todas estas palabras: Estática, ruido, sonar, contar, escuchar, son palabras asociadas con el sentido del oído.

A los auditivos les encanta el teléfono. Muchas veces prefieren hacer negocios a través del teléfono y no en persona. Los auditivos responden más directamente a los sonidos que los visuales o kinestésicos. A menudo piensan en voz alta. Además les gusta hablar consigo mismos, ya que el escuchar sus propias ideas las clarifican aún más.

Los auditivos hablan diferente a los visuales. Ellos prestan más atención al tono y volumen de su voz y se toman su tiempo para decir las cosas. Los visuales, por su parte, prestan poca atención a su manera de hablar, al punto que en ocasiones hablan demasiado rápido, sin pausas, y tienden a subir el tono de voz.

¿Cómo comunicarse con las personas auditivas? Dales la oportunidad de escucharse a sí mismas. Los auditivos más que cualquier otra persona, pueden literalmente venderse ellos mismos la idea o el producto que les estés presentando si tan solo les das la oportunidad. Utiliza frases como: "¿Suena todo bien hasta el momento?", o "quiere escuchar un par de ideas más? Recuerda siempre resaltar cualquier característica auditiva de tu idea o producto.

Una persona auditiva que se encuentre comprando

un automóvil, por ejemplo, puede tomar la decisión de hacerlo, basada en la calidad del sonido del radio, o en lo silencioso que es el motor, más que basada en el color, el precio, o la marca del auto.

Las personas kinestésicas sienten el mundo que los rodea

Las personas kinestésicas, que constituyen hasta el 40% de la población, actúan dejándose guiar por lo que sienten y experimentan. Hacen juicios rápidos acerca de si alguien les gusta o les disgusta y comúnmente basan sus decisiones en sus instintos e intuiciones. Ellas obtienen su información a través del tacto, las sensaciones y las emociones.

Es común escucharlos utilizando expresiones como: "Necesitamos poner los pies sobre la tierra y hablar de hechos reales", "No me siento totalmente seguro acerca de esto", "¿cómo te afecta esta decisión?", "déjame darte una mano con ese asunto", o "mi impresión al respecto es la siguiente". Las palabras tocar, sentir, tocar tierra, afectar, dar una mano, o impresión, denotan el gran efecto que las emociones y el tacto juegan es sus decisiones. Es más, en el momento de tomar decisiones, hacen largas pausas para poder captar la plenitud de sus sentimientos al respecto.

Si deseas comunicarte de manera efectiva con un kinestésico debes apelar a sus sentimientos. Pregúntale cómo se siente con lo que le has dicho y cuáles son sus impresiones. Si le estás ofreciendo un producto, dale muchas oportunidades de tocarlo y experimentarlo. Permítele que perciba su textura. Si puedes demostrar lo que dices con una acción física de algún tipo, un gesto o un contacto personal conseguirás captar mucho más rápido su atención.

Sin embargo, ¿qué puedes hacer cuando estás realizando una presentación frente a un grupo de personas, donde es imposible descubrir el modo de pensar de cada una de ellas? En ocasiones como esta, los grandes comunicadores cautivan la atención de cada una de las personas, valiéndose de su creatividad e imaginación para crear un mensaje que incluya una gran variedad de expresiones y efectos verbales, vocales y visuales.

Utilizan palabras que dibujen imágenes que los visuales puedan apreciar. Acarician los oídos de las personas auditivas con historias, metáforas y un variado juego de volúmenes y tonalidades de voz. Los kinestésicos encuentran fabulosos los ejercicios y la participación física que generalmente realizan como parte de sus presentaciones. De esta manera, tienen la absoluta seguridad de que todas y cada una de las personas que se encuentran en la audiencia captan la esencia de su mensaje.

Plan de Acción:

1. Tu tarea para los próximos días es aprender a identificar el mapa mental preferido de las personas con las cuales estés hablando. Basado en lo que acabamos de ver, utiliza aquellas estrategias que te permitirán comunicarte mejor con ellos. Pero relájate, no te concentres tanto, que no escuches lo que ellos están diciendo.

2. Descubre qué aplicación le puedes dar a este nuevo conocimiento en tu trabajo, negocio o vida familiar. Si estás presentándole tu producto a un nuevo cliente y él o ella es visual, ayúdale a visualizar los beneficios de tu producto. Si es auditiva, recuerda que seguramente necesitará escuchar más información que de costumbre, pero recuerda que ellas encuentran importante escucharse a sí mismas y ser escuchadas. Con tus clientes kinestésicos busca una mayor cercanía física. Pregúntale como se sienten con lo que le has presentado. Ten en cuenta que ellos se dejan guiar mayormente por sus sentimientos. Todo esto le ayudará a ellos a procesar mejor la información.

Epílogo

> Muchas palabras no
> indican mucha sabiduría.
> —Tales de Mileto

Como habrás podido descubrir a lo largo de este libro, comunicarnos con poder, entusiasmo y efectividad requiere ser consciente de todos los aspectos de tu estilo personal de comunicación. El comunicador ideal habla con claridad, seguridad y confianza, al mismo tiempo que escucha con atención y sensibilidad.

La gran mayoría de las personas se comunica normalmente sin mayores problemas o inhibiciones. Esto les hace pensar que son comunicadores efectivos. No obstante, ellas tienden a concentrarse exclusivamente en sus propias opiniones y sentimientos, sin tener en cuenta las actitudes o emociones de quienes las escuchan. Consecuentemente, tienden a hablar demasiado y a escuchar poco, lo cual, no sólo les impide establecer una conexión óptima con sus interlocutores, sino que las distancia de las demás personas.

Por su parte, aquellas personas, conocidas por "saber escuchar", suelen tener una mayor facilidad para observar y detectan señales sutiles que pasan desapercibidas para quienes intervienen más activamente en una conversación. Sin embargo, a menudo no dedican toda su atención a quien habla y se fijan más en sus propias ansiedades y debilidades. Prefieren comunicarse por medio de sus insinuaciones e indirectas, que expresarse con palabras e ideas claras.

Los grandes comunicadores son oradores efectivos e interlocutores atentos. Se expresan con claridad y seguridad en sí mismos, tanto si revelan sus emociones a alguien cercano, como si analizan un problema en el trabajo o simplemente hablan con un grupo de amigos. Ellos escuchan con atención, por dos razones, porque desean comprender lo que se está diciendo, y porque necesitan saber hasta qué punto se les ha comprendido bien. Al estar sintonizados con los demás, desarrollan la habilidad de saber lo que es más apropiado decir. Saben cuándo expresar su enojo y cuando controlarlo con firmeza; cuando atenerse a un argumento determinado o llegar a un compromiso, o cuando darle vueltas a un tema o abordarlo directamente.

Los grandes comunicadores son personas que se han ganado el aprecio de los demás, porque abordan con cuidado los aspectos emocionalmente sensibles, comprendiendo el punto de vista de las otras personas. Están dispuestos a decir lo que piensan de forma directa y honesta, sin ser rudos o insensibles.

Es vital que entiendas que toda la información que he compartido contigo a lo largo de este libro por si sola no va a hacer de ti un mejor comunicador, de la misma manera que una persona que no sabe nadar no se va a convertir en un gran nadador por el simple hecho de haber leído el mejor libro de natación. Si quieres ser un gran nadador, tarde o temprano vas a tener que saltar a la piscina, mojarte y arriesgar tomarte uno o dos sorbos de agua.

De la misma manera, lo único que te convertirá en un gran comunicador es la práctica. Por esa razón te he pedido en cada capítulo que realices ciertos ejercicios y dinámicas que te ayuden a afianzar los conceptos presentados. Como con cualquier otra habilidad que quieras desarrollar, el secreto para convertirte en un gran comunicador es practicar, practicar y practicar. Y aunque es posible que esto exija de ti ciertas acciones y comportamientos que no han sido parte de tu personalidad, puedes cambiar.

A los veinte años de edad me consideraba una persona demasiado introvertida. Esa era mi personalidad. Sin embargo, a los treinta y cinco años me encontraba realizando una presentación ante diez y siete mil personas con traducción simultánea a siete idiomas. Créeme cuando te digo que tú puedes cambiar. Todo comienza aceptando que tendrás que realizar ciertos cambios en tu personalidad.

Si estás en el campo de las ventas, por ejemplo, debes aprender a armonizar tu estilo de comunicación con el de tus clientes. Esto no quiere decir que debas convertirse en alguien distinto. Lo que significa es que si eres una persona extrovertida, que habla en voz alta y no tiene ningún problema en ponerle el brazo sobre el hombro a tu cliente, seguramente te será fácil interactuar con aquellos clientes cuya personalidad es igualmente abierta y extrovertida.

No obstante, es muy probable que este estilo no encaje con aquellos clientes tímidos, de pocas palabras y un tanto inseguros. Si quieres triunfar en este campo debes aprender a evitar un choque de estilos comunicativos que obviamente te pondrían a ti y a tu cliente en bandos opuestos.

No importa el grado de profesionalismo que poseas como vendedor, o que estés ofreciendo el mejor producto o servicio, lo cierto es que siempre preferiremos hacer negocios con aquellas personas con las cuales nos sintamos a gusto, y con quienes hayamos logrado desarrollar una buena relación. Cuando establecemos esta conexión con nuestros clientes, creamos una sensación de confianza que permite que nuestro mensaje llegue con facilidad a su mente.

Seguramente, si alguien le preguntara a tu cliente por qué ha elegido hacer negocios contigo, respondería que tú tienes convicción en tus ideas y entusiasmo por lo que haces. Y ese entusiasmo al cual tu cliente se refiere no es mas que el resultado de poner en práctica estos principios de los cuales hemos venido hablando.

Así que toma estos principios y ponlos en práctica desde hoy mismo. Utilízalos para construir una gran carrera en el campo de las ventas. Permite que ellos te ayuden a mejorar tu comunicación de pareja o tu relación con tus hijos. Aprovéchalos para incrementar tu efectividad como líder de tu equipo de trabajo o mejorar la comunicación con tus clientes y asociados.

Recuerda que la base de las relaciones humanas es la comunicación, y que éstas tienen éxito o fracasan como resultado directo de nuestra capacidad para comunicar nuestras ideas, sentimientos y emociones.

Lee este libro hasta que sientas que has interiorizado los principios presentados en él, y llévalos a la práctica de manera inmediata. Si lo haces, te aseguro que muy pronto nos veremos en la cumbre del éxito.